Karaté-do Seigokan em Macau

UMA LONGA HISTÓRIA DE SUCESSOS

FICHA TÉCNICA

Título: "Karaté-do Seigokan em Macau – Uma Longa História de Sucessos"

Autor: Governo Regional de Macau ©

Capa: José Achiam e Manuel Silvério

1ª Edição: Macau, Agosto de 1991

2ª Edição (revista e aumentada): Novembro de 2017

Bubok Publishing S.L., 2017

Impresso nos EUA / *Printed in USA*

Impresso por CreateSpace Publishing

ÍNDICE

* *Tradução do chinês por Paula Carion*

INTRODUÇÃO

Na passagem do 50º Aniversário da fundação da Associação de Karaté-Do Seigokan de Macau (AKSM) em 1967 e da introdução do Karaté-Do em Macau (região fortemente marcada pela influência do Kung-Fu chinês, oriundo da terra-mãe), pela mão de José Martins Achiam, um nativo da região de origem portuguesa, surgiu a ideia da republicação de um pequeno livro/revista editado originalmente como revista mensal pelo Gabinete de Comunicação do Governo Regional de Macau, em Agosto de 1991, ainda sob administração portuguesa, que releva a história de sucessos daquele ramo da Seigokan no exterior do Japão (o segundo a ser criado, na esteira da Seigokan de Hong-Kong, introduzida por Yukiaki Yoki em 1964), mas também a importância do Mestre/Shihan José Martins Achiam e de alguns dos seus mais fiéis seguidores na sociedade macaense.

Como são passados mais de 20 anos sobre a sua publicação, entendeu-se enriquecer o livro com textos de figuras intimamente ligadas à organização da época e do presente.

Lisboa e Portugal, 1 de Abril de 2017

PREFÁCIO

Este ano comemora-se o 50° aniversário da criação da Seigokan de Macau, e eu fico muito honrado por poder apresentar aqui uma breve declaração.

Há 50 anos atrás, um antigo Shihan de Karaté, José Achiam, espalhou a semente do karaté em Macau. Ao longo dos anos, o karaté tem florescido em Macau e o Karaté desportivo ainda está a crescer rapidamente. O nosso antigo Shihan de karaté foi também orgulhosamente eleito como primeiro presidente do Comité Executivo da Federação de Karaté de Macau quando foi inicialmente estabelecido pelo resto das facções. Também foi eleito membro do Comité Executivo da Federação Mundial de Karaté e secretário-geral da Federação Asiática de Karaté. A sua contribuição foi tremenda, tendo levado os atletas do Karaté Seigokan de Macau a ganhar o Campeonato Internacional da Seigokan no Japão sete vezes consecutivas. Actualmente, a Seigokan de Macau é constituída pelo Dojo Seigokan, o Dojo Seimak e o Dojo Macau-Brasil.

A maioria dos membros fulcrais da actual selecção nacional de Macau é da nossa Seigokan de Macau, e obtiveram excelentes resultados na AKF e nos Jogos Asiáticos.

Eu segui a orientação do nosso antigo Mestre (Shihan) e tomei-a como uma responsabilidade para promover continuamente o karaté.

Todos os estudantes da Seigokan de Macau e eu, sentimo-nos extremamente orgulhosos de fazer parte da Seigokan do Japão.

Com isto, desejo que as filiais no Japão, em Macau e nos outros países, permaneçam unidas e continuem a promover o Karaté.

Che Kuong Im (7º Dan)
Presidente da Associação Karaté-Do Seigokan de Macau
Presidente da Federação de Karaté-Do de Macau (FKM)
Presidente da Federação de Karaté da Ásia Oriental-EAKF
Membro do Conselho Executivo da Federação Asiática de Karaté
(AKF)

Seigokan Macau, Março de 2017

Karaté-do Seigokan em Macau

Os «Kids» do Karaté

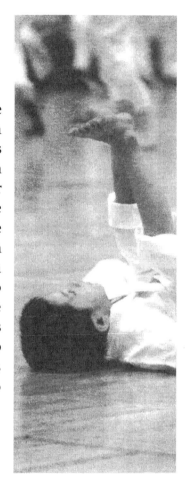

Imagine-se uma equipa japonesa de baseball a conquistar um campeonato mundial, derrotando os Estados Unidos, país onde nasceu a modalidade e que tem o maior número de praticantes deste desporto. No caso da Associação de Karaté-Do Seigokan de Macau, a realidade é exactamente essa. Com uma população que ronda o meio milhão de habitantes — quase igualada pelo número de praticantes de Karaté-Do Seigokan apenas no Japão — há sete anos consecutivos que a selecção local conquista o campeonato mundial.

«Muito treino, disciplina e vontade de vencer» é a receita básica para se alcançar estes resultados, diz José Achiam, instrutor da equipa de Macau e o principal impulsionador da fundação da Associação de Macau de Karaté-do Seigokan.

Os primeiros treinos começaram em Setembro de 1967, com um grupo de 18 atletas, no Ginásio do Seminário de S. José. Três meses depois, o seu número estava reduzido a sete praticantes. No entanto, graças à persistência deste grupo e à dedicação de José Achiam e Arnaldo de Sousa, o Seigokan acabou por se implantar em Macau.

«Eram os tempos em que gastávamos duas horas a vir de Hong Kong, onde tínhamos a nossa vida profissional, para dar aulas aos atletas de Macau»

— recorda Arnaldo de Sousa, companheiro de José Achiam, com quem deu também os primeiros passos no Seigokan, em Hong Kong — «Quando o Achiam não podia vir, vinha eu.».

Desde então, cerca de quatro mil alunos passaram pelas mãos dos mestres da Associação de Seigokan de Macau — «sem contar com os praticantes de cinto branco, apenas com os que chegaram, no mínimo, ao cinto verde», frisa José Achiam. Cinturões negros, são cerca de quatro dezenas.

Muitos dos mais qualificados «karatekas» de Macau acabaram por emigrar, levando consigo o gosto pela prática da modalidade. No Brasil, os irmãos Novo —Jacinto e Mário — criaram nove academias de Seigokan, na cidade do Rio de Janeiro.

«Um dia, apareceu-me aqui em Macau um brasileiro, que eu não conhecia de lado nenhum, a chamar-me avô» — recorda José Achiam — «Eu tinha sido mestre do instrutor dele, de forma que era, para ele, o avô-mestre». Em S. Francisco, nos Estados Unidos, funciona uma academia, dirigida por Francisco Conceição. Na Austrália, César Pereira, que fez parte do núcleo inicial de praticantes, fundou outra escola de Seigokan, que depois passou a ser dirigida por um dos seus alunos australianos.

A primeira participação dos «karatekas» macaenses em competições mundiais aconteceu em 1977. Embora tivessem havido convites anteriores para a disputa do campeonato mundial, só nesse ano houve disponibilidade financeira, através do apoio fornecido pelo Governo do território, para fazer deslocar uma selecção ao Japão. Antes desta participação, disputaram-se alguns torneiros com Hong Kong, sempre com o mesmo resultado: vitória absoluta de Macau.

Para além do campeonato mundial de Seigokan, a equipa de Macau participou também nos mundiais de Karate, em 1977, abertos a todos os estilos. Foi uma estreia dupla, que se saldou por um quarto lugar no Mundial de Seigokan. Quando aos mundiais de Karaté/Open, a selecção do território foi eliminada nos quartos-de-final.

«Naquele tempo, o campeonato disputava-se num só dia» — lembra Daniel Ferreira, um dos sete elementos dessa primeira equipa — «Começávamos a lutar às sete da manhã e acabávamos às oito da noite. Não havia ainda categorias, por pesos, de forma que era frequente que atletas com 60 ou 70 quilos apanhassem pela frente adversários com 90, 100 quilos e que, para além do peso, tinham boa técnica».

Actualmente, os mundiais de Karaté/Open (todos os estilos) já dividem os atletas consoante o peso. No entanto, o campeonato mundial de Seigokan mantém apenas categorias por idades, semelhantes às classes de iniciados, juvenis, juniores e seniores.

Uma desvantagem que a equipa de Macau tem enfrentado, nos campeonatos que até agora disputou, relaciona-se com o número de participantes que integram a selecção. Outros países com maiores disponibilidades financeiras, têm equipas «especializadas», com mais de meia centena de elementos. Nos diversos tipos de competição e categorias — o «kata», exibição individual de um conjunto determinado de movimentos e o combate («kumité») — os atletas dessas equipas, regra geral, apenas participam numa modalidade.

Os atletas do Território são um pouco «pau para toda a obra». «Temos miúdos que participaram em quatro tipos de competição, neste últimos mundial. Às vezes saíam de um combate e dez minutos depois estavam novamente no "dojo"» — diz Arnaldo de Sousa.

Em 1970, disputou-se o primeiro torneio triangular Macau/Hong-Kong/Kowloon, com uma vitória indiscutível da selecção local, integrada por Daniel Ferreira, Bernardo Sousa, Manuel Costa, Virgílio

Seigokan: uma filosofia de auto-defesa

Popularizado, nas últimas décadas, sobretudo através do cinema, o Karatê adquiriu uma imagem de violência e agressividade gratuita que é o oposto da realidade.

«Os atletas de Seigokan aprendem, acima de tudo, a ser disciplinados, através de uma prática física que lhes dá autoconfiança. Quem tem confiança em si próprio não precisa de ser agressivo» — salienta o treinador da selecção de Macau — «Os meus alunos nunca tiveram problemas por serem arruaceiros ou por provocarem conflitos».

As características específicas do Seigokan, entre os vários estilos de Karaté — num total de 37 — têm as suas raízes num dos dois estilos básicos das artes marciais chinesas, que estão na sua origem. A envergadura física dos naturais do Norte da China produziu um estilo de artes marciais — Shurei-te — onde os movimentos são caracterizados por movimentos mais curtos e rápidos. — Naha-te.

«Em espaço aberto, talvez o primeiro estilo tenha vantagem. Mas se for dentro de um elevador, eu aposto de caras no segundo estilo» — explica José Achiam. O Karaté tem cinco estilos oficiais, reconhecidos pela World Union Karaté Organization (WUKO): Goju-Ryu (onde se integra o Seigokan), Shito-Ryu, Wado-Ryu, Shotokan (de que faz parte o Obukan, também praticado em Macau) e Rengo-Kai. Os dois primeiros estilos têm características da prática desenvolvida no Sul da China (Shurei-te). Os terceiro e quarto integram-se na escola do Norte, enquanto que o último é uma mistura dos dois estilos.

Ao nível mundial, a Associação de Karaté-Do Seigokan de Macau é a representante oficial do Território na «World Union Karate Organization», que engloba todas os estilos de Karaté. A Associação é filiada também na «Asian Pacific Union Karate Organization» e na «Seigokan World Goju-Ryu».

Sede para a Associação necessidade fundamental

Com cerca de 200 praticantes, a Associação de Karaté-Do Seigokan de Macau tem como prioridade fundamental, neste momento, a aquisição de um local próprio para sede, com melhores condições para treinar. O Pavilhão Desportivo de Mong Há, onde o núcleo principal de alunos treina, não oferece as melhores condições para a prática do Karaté. Os maiores problemas são o calor excessivo que se faz sentir — «uma autêntica sauna», dizem responsáveis e atletas — e que por vezes até provoca desmaios. Por outro lado, o facto de varias modalidades serem praticadas na mesma área não permite a concentração necessária para a prática deste desporto.

«Os nossos esforços, este ano, vão concentrar-se sobretudo na aquisição de uma sede, onde se possa dispor de um espaço de convívio e de encontro para os atletas e antigos praticantes e de um «dojo» com melhores condições» — adianta José Achiam — «O facto de não termos uma sede própria cria-nos dificuldade até ao nível do funcionamento da direcção da Associação. Por vezes, temos de fazer reuniões num café».

A primeira participação num campeonato mundial, em 1977, saldou-se pela conquista do quarto lugar. António Ngai, Lísbio Couto, João Sousa, António da Silva (de pé) Daniel Ferreira, João Madeira e Manuel Silvério (ajoelhados) foram os atletas que participaram nesta estreia de Macau no Campeonato Mundial de Karaté-Do Seigokan.

Resultados obtidos pela selecção de Macau no 46º Campeonato Mundial de Karaté-Do Seigokan

Para além do troféu de Campeão Mundial «Overall» (todas as categorias, por equipas e classificações individuais), Macau conquistou ainda os seguintes títulos mundiais, por categorias: título individual na classe de Escolas Secundárias/Open-Mistos de cintos verdes, castanhos e pretos (Violeta Bosco); título individual na classe Open para adultos de cintos pretos (Ng lat On); título por equipas, na classe de Escolas Secundárias/Open (13 a 15 anos) de cintos amarelos, verdes, castanhos e pretos; título geral por equipas na categoria de Escolas Secundárias («Junior High School»).

Seigo Tada, o Mestre dos mestres

Fundador e impulsionador da variante do Karaté a que foi dado o seu nome, Seigo Tada — hoje com 69 anos de idade— treinou, na China, em 1937, com Ching Lou, mestre de artes marciais chinesas — o mesmo professor que treinou Chojun Miyagi, criador do Goju-Ryu, um dos cinco estilos básicos do Karaté.

Em 1943, de volta ao Japão, integra a academia de Karaté da Universidade de Ritsumeikan, onde treina sob a orientação do mesmo Chojun Miyagi. Após a Segunda Guerra Mundial, desenvolve a sua actividade na divulgação do Karaté-Do Seigokan, primeiro no Japão, onde são criadas mais de 120 academias e clubes e, mais tarde, no estrangeiro.

A partir de 1964, foi um dos impulsionadores da organização e estruturação das várias associações e federações de Karaté, bem como da instituição dos primeiros torneios regulares, com a introdução de normas de combate e equipamento de protecção.

Esteve em Macau, pela primeira vez, em 14 de Dezembro de 1968, para presidir aos primeiros exames de graduação de atletas do Território — altura em que foi também oficializada a academia, como uma filial da SAJKA, com a designação de «Associação de Karaté-Do Seigokan de Macau».

A sua actividade, nos últimos anos, levou a deslocar-se a mais de uma dúzia de países, incluindo Portugal, onde existem academias de Seigokan.

José Achiam: do Jiu-Jitsu ao Karaté

Começou a aprender Jiu-Jitsu aos oito anos, com o pai como instrutor. Joaquim Achiam, que reside actualmente no Canadá, era Chefe da Polícia de Macau, por alturas da Segunda Guerra Mundial. Com parte da China e Hong Kong ocupadas pelo exército do Japão, Macau era visitado com frequência por oficiais japoneses.

Foi com um coronel dessas forças que o pai de José Achiam aprendeu Jiu-Jitsu.

Depois de praticar, entre outros desportos, judo, artes marciais chinesas, hóquei em campo e esgrima, José Achiam «descobre» o Seigokan. Em Hong Kong, para onde tinha ido aos 18 anos, começa a treinar com Yukiaki Yoki, discípulo do fundador deste estilo, o mestre Seigo Tada. Em nove meses chega a cinturão negro.

Ainda em Hong Kong, onde desenvolvia a sua actividade profissional ligada ao sector bancário e financeiro, chegou a treinar os corpos especiais das forças da ordem daquele Território, nomeadamente a Task Force e o Special Branch.

Até aos 27 anos, participou com regularidade em competições internacionais e conquistou sete títulos de campeão mundial individual. Depois, abandonou a competição. Hoje, com 47 anos e cinturão negro do 5º «Dan», para além dos treinos necessários à manutenção da forma física, dedica-se basicamente a ensinar os jovens.

«Em períodos normais, treinamos entre duas horas e meia a três horas por dia, três vezes por semana. Nas semanas que antecedem os campeonatos, aceleramos mais o ritmo, chegando a treinar todos os dias.» — diz José Achiam — «Quando era mais novo, era um autêntico fanático. Três horas de treino no «dojo» e depois, quando regressava a casa, ainda treinava mais duas horas, sozinho».

A satisfação pelos resultados alcançados, nos últimos anos, pelos seus «miúdos» é algo ensombrada pela escassa repercussão que a conquista dos títulos tem tido e pelas dificuldades financeiras, quase crónicas, com que se debate a Associação.

Neste aspecto, José Achiam é de opinião que outros critérios talvez devessem ser acrescentados, no processo de atribuição de subsídios às várias modalidades desportivas, a cargo do Instituto de Desportos de Macau:

«Para além da sua implantação, no Território, em termos de praticantes e do interesse manifestado pela população, julgamos que teria lógica levar em conta factores corno as classificações obtidas em competições internacionais e títulos conquistados.»

Número 38, AGOSTO de 1991 director AFONSO CAMÕES, editor AUGUSTO VILELA, redacção ALBERTO ALECRIM, ANTÓNIO DUARTE, LUÍS CUNHA, colaboram nesta edição ANTÓNIO CARMO, PAULA LABORINHO, PAULO AIDO, PAULO REIS, fotografia CHAN CHE IN, FRAKY LEI, HOI TAI LAM, IP KIN SI, LEI TAK SENG, secretariado SÓNIA COSTA E SILVA, produção NUNO DREY, direcção gráfica JOÃO MELO, assistentes JOWING HO KA WENG, WENDY SUN, composição WIN TAM, selecção de cores SECOR, impressão IMPRENSA OFICIAL DE MACAU

O Pai do Karaté-Do de Macau, *por Bill Mok*

澳門空手道之父

BM | 30 de Setembro de 2008

História da Seigokan

O Karaté-Do foi introduzido em Macau em 1967 por José Martins Achiam, personalidade macaense nascida e criada localmente. Por mais de quarenta anos, Achiam trabalhou vigorosamente para promover o karaté-do em Macau, ajudando o território a ganhar um certo "status" no mundo internacional do karaté. Localmente, ele é amplamente conhecido nos círculos do karaté como "Si Fu", que significa professor, mestre ou mentor, e também o "Pai do Karate-do de Macau ", ambos os títulos bem merecidos.

José Martins Achiam (1944-2008) nasceu e cresceu em Macau, onde o seu pai era um alto funcionário da Polícia Judiciária. Quando menino, praticava jiu-jitsu, boxe e esgrima, e até obteve o primeiro lugar na competição inter-escolas. Depois de concluir o ensino secundário, Achiam mudou-se para Hong-Kong, onde começou a trabalhar na Hong Kong & Shanghai Banking Corporation (HSBC), e no início de 1966, começou a ter aulas de Karaté Goju-ryu no World Gym. No ano seguinte, transferiu-se para a Hong-Kong Seigokan (Oh Do Gymnasium) e continuou a aprender Karaté-Do Goju-ryu com os Senseis Yoki Yukiaki e Shoji Yuki. José possui um 7º Dan em Goju-ryu Seigokan.

José Martins Achiam (fila do meio, terceiro da direita)

Nos anos 60, a Seigokan de Hong-Kong (Oh Do Gymnasium) estava localizado numa área de escritórios no Centro, atraindo pessoas de diferentes países e origens, incluindo dois ou três macaenses que apanhavam um ferry de Macau para participar em todas as sessões de treino e um ferry de volta após o treino. Isso despertou o interesse de outros macaenses em aprender karaté-do. Dado que José regressava a Macau quase todos os fins-de-semana e era ele quem tinha praticado o mais longo período de tempo, um grupo de amigos e colegas de escola pediu-lhe para lhes dar aulas de karaté. E, consequentemente, o primeiro dojo em Macau foi estabelecido no D. Pedro V e eu (Bill Mok) fui convidado para o ajudar no ensino e até mesmo a presidir no primeiro exame de graduação.

José Martins Achiam (segundo da direita), Bill Mok (primeiro da esquerda) e outros, no exame de graduação para primeiro Dan [1]

O Dojo de Macau foi comunicado ao Mestre Seigo Tada, Presidente da Seigokan em 1967, e em 1968, José Martins Achiam foi reconhecido pelo Presidente após a obtenção do seu cinturão negro. A primeira graduação oficial foi presidida pelo próprio Mestre Seigo Tada e ao Dojo de Macau foi posteriormente atribuída a sua bandeira do dojo e denominado "Dojo Seigokan de Macau".

---

[1] Na foto, podem-se ver ainda; Tony Hesket (?), o segundo da esquerda, Shoji Yuki, o terceiro da esquerda, Yukiaki Yoki, introdutor da Seigokan em Hong-Kong, o quarto a contar da esquerda, e Arnaldo Ukeno, o primeiro da direita (Nota do Editor)

1968 Opening of Macau Seigokan dojo

Arnaldo Sousa · Frank Drake · Achiam · Bill Mok

Alguns dos primeiros alunos foram João Sousa, Bernardo de Souza, Nelson, Acaio, Pedruco, Couto, e assim por diante. Muitos dos primeiros alunos de José mudaram-se para o estrangeiro na década de 1970, alguns deles até fundaram o Dojo do Brasil, o Dojo de Portugal,[2] o Dojo da Califórnia nos EUA e o Dojo de Sydney, na Austrália. Alguns desses dojos tiveram de fechar por variadas razões, mas outros cresceram e floresceram.

---

[2] Lapso de Bill Mok. O Dojo de Portugal foi fundado por um mestre japonês da Seigokan, o Sensei Katsumune Nagai, a convite de outro mestre japonês, seu amigo, Mitsuharu Tsuchyia, criador da Escola de Budo em Sapadores, Lisboa.
(Nota do Editor)

Liderança do Mestre Seigo Tada em meados da década de 1970

José Martins Achiam competiu no Primeiro Campeonato da União Mundial das Organizações de Karaté-Do (WUKO) realizada em Tóquio, no Japão, em 1970, como um membro da equipa de Hong-Kong. Além de dar aulas no HSBC Staff Sports Club na YMCA em Tsimshatsui em 1974, Achiam tinha-se concentrado em ensinar nos vários dojos da Seigokan em Macau. Em 1994, esforçou-se vigorosamente para unir os diferentes estilos de karaté e fundou a Associação de Karaté-Do de Macau, com ele mesmo como presidente fundador, uma posição que manteve até à sua morte. Durante este período, trabalhou duro para promover o karaté-do e elevar o padrão geral do desporto. Podemos ver o seu sucesso através do número de conquistas que Macau obteve em várias competições internacionais nos últimos anos; o Dojo Seigokan de Macau também foi a equipa vencedora durante vários anos consecutivos no Torneio Internacional de Amizade e Campeonato de Karaté-Do Seigokan de todo o Japão.

Campeonatos de Juniores e Cadetes da AKF em 2008

José Martins Achiam começou a participar nos assuntos internacionais do karaté-do nos anos 90. Foi eleito Secretário-Geral da Federação Asiática de Karaté-Do (AKF) e Membro Executivo da Federação Mundial de Karaté (WKF). Durante o seu mandato, foi designado para ajudar a China a entrar na WKF e realizou o primeiro programa de formação de treinadores para a Associação de Karaté-Do da China, em Julho de 2006. Durante o seu tempo como Secretário-Geral da AKF, esforçou-se para a aceitação do karaté nos Jogos Asiáticos de Busan em 2002, o que levou à aceitação oficial do karaté-do como um desporto permanente no Asiads. No início de 2008, Achiam foi também eleito membro da Comissão de Desportos de Macau.

José é pai de dois filhos e duas filhas. A sua filha mais nova competiu no 9º Campeonato de juniores e cadetes da AKF realizado em Sabah, na Malásia, em 2008.

A filha mais nova de Achiam no 9º Campeonato de Juniores da AKF

Em 16 de Setembro de 2008, José sofreu um acidente vascular cerebral e foi hospitalizado até à sua morte precoce, às 11:00 horas do dia 23 de Setembro. Durante os seus quarenta anos de envolvimento activo no campo do karaté, ele contribuiu significativamente para o desporto e a sua morte é uma grande perda para o mundo do karaté-do.

José Luís Pedruco Achiam, o terceiro filho de José Martins Achiam, participou em 1998 no Campeonato de Juniores da AUKO, onde ganhou a medalha de prata no Kumite Individual Masculino, com 15 anos.

José Martins Achiam (à direita) mostrando um lado mais descontraído (1968)

Da esquerda: José Achiam, Seigo Tada, Bill Mok, Dickie Chow (1977)

45° Aniversário da Seigokan do Japão (1990)

Da esquerda: Li Chi Moon, Arnaldo de Sousa, José Achiam, Mestre Seigo Tada, Bill Mok, Dickie Chow, Kenny Yu

1997 - Da esquerda: Klin Hla, José Achiam, Mestre Seigo Tada, Bill Mok. Fila de trás: Lau Kam Sing, Arnaldo de Sousa (30° Aniversário da Seigokan de Hong-Kong e de Macau)

40° Aniversário da Seigokan de Macau (2007)

2003. No Honbu Dojo do Japão – José Achiam (esq), Bill Mok (dir)

ASSOCIAÇÃO KARATE-DO SEIGOKAN DE MACAU

Os Anos Dourados, *por César Pereira*

Sob a orientação do Shihan José Martins Achiam, um "Karateka" com qualidades incontestáveis, que foi treinado pelo Shihan Yukiaki Yoki, um punhado de entusiastas teve o privilégio de estabelecer uma academia de karaté e o primeiro dojo de Karaté-Do em Macau na época. Depois de dois meses de maquinações apertadas, a primeira sessão de treino ocorreu no St. Joseph's Seminary Gymnasium em 23 de Setembro de 1967, (acontece que o Shihan Achiam morreu num 23 de Setembro). Aparentemente, o judo, o wrestling mongol, o boxe tailandês, e uma grande variedade de kung fu tinham sido introduzidos há muito tempo, pelo que, o nascimento em Macau, de uma nova arte marcial japonesa não atraiu muita atenção, não obstante, foi uma novidade devido ao facto de que era algo estranho.

Dos 24 alunos matriculados, apenas 18 assistiram à primeira sessão e, três meses depois, estavam reduzidos a 7, mas, curiosamente, seriam esses que se tornariam os "pilares" da actual Associação.

Dado que o "Dojo" foi fundado sem qualquer reconhecimento oficial por parte das autoridades portuguesas, os membros esforçaram-se por conseguir, pelo menos, o reconhecimento da "Seigokan All Japan Karate-do Association" (SAJKA). Os seus esforços foram coroados de sucesso quando, no dia 14 de Dezembro de 1968, o Mestre Seigo Tada, Presidente da SAJKA, presidiu às primeiras graduações da Associação e anunciou que a academia era desde então filiada à SAJKA e, denominada de "Seigokan Karate-do Association (Macau Dojo)".

Em Setembro de 1969, o Director do Colégio D. Bosco concedeu graciosamente o aluguer do prédio do Centro dos Antigos Alunos do Colégio D. Bosco, que passa a ser a sede da Associação e do Dojo, e tal conquista teria sido impossível, se não contasse com a ajuda de António Assumpção e de outros membros / simpatizantes.

A Associação recebeu em Julho de 1970, o primeiro convite para participar do Torneio Anual da SAJKA (que aliás, celebrava o seu 25º Aniversário), mas, como a sua posição financeira estava longe de ser a mais favorável, foi lamentavelmente recusado.

Por decreto do Ministério da Defesa Nacional, em 1972, a Associação foi autorizada a funcionar provisoriamente, sob a denominação de "Associação de Karate-do Seigokan de Macau", - acordada pelo Mestre Seigo Tada - devido às suas características evidentes, nível técnico e extensão, uma vez que uma classe de karaté-do estava a ser dada às meninas estudantes do Sacred Heart College (Colégio do Sagrado Coração).

Em Setembro de 1975, a Associação teve a honra da visita do Excelentíssimo Senhor Governador do Desporto de Macau, Coronel Garcia Leandro, e do Secretário para a Cultura e Assuntos Sociais, Capitão Victor de O. Santos, e do Presidente do Conselho do Desporto de Macau, o Sr. José dos Santos Ferreira, na sua sede, sendo tal visita organizada por este último.

Eu, Daniel Ferreira, Vergílio Carvalho, Bernardo Sousa, Manuel Costa

Uma sessão de demonstração de karaté-do foi realizada durante esta visita e os senhores acima mencionados, reconhecendo as dificuldades pelo que as Associações estavam a passar, nomeadamente o seu reconhecimento oficial, recomendou a elaboração dos seus estatutos, em cooperação com o Presidente da Conselho do Desporto, a fim de apresentá-lo ao governador para aprovação. No ano seguinte, em Março de 1976, devido aos bons ofícios do Secretário para a Cultura e Assuntos Sociais, o capitão Victor O. Santos e dos indivíduos mencionados, foram os mesmos aprovados.

Billy Bolo (esq.) e eu (dir.). Exame de graduação com Mestre Seigo

Entretanto, as graduações continuam regularmente a partir de 1968, e em 1970, eventualmente, foram graduados os primeiros cintos negros. Simultaneamente, durante este período, foram organizados torneios anuais entre a Associação e os seus homólogos em Hong-Kong e Kowloon para o "Troféu Seigo Tada", oferecido pelo então Instrutor-Chefe da Seigokan de Hong-Kong, Sr. Shoji Yuki.

Em 1970, o Shihan José Martins Achiam, integrado na equipa de Hong-Kong, competiu no Primeiro Torneio Mundial de Tóquio, organizado pela "União Mundial de Organizações de Karaté-Do" (WUKO) e, por causa dessa participação, Macau foi convidada a tomar parte no III Torneio Mundial, em Long Beach, Califórnia, EUA, mas de novo, a associação teve que recusar o convite, dado os seus meios financeiros ainda estarem longe de ser suficientes.

Em competição, com o Shihan Bill Mok como Juiz Árbitro (ao fundo)

Outro convite foi oferecido a Macau para o II Torneio Regional de Jacarta, na Indonésia, organizado pela APUKO (Associação Asiática do Pacífico das Organizações de Karaté), e pelos mesmos motivos financeiros desfavoráveis mencionados, a Associação teve de cancelar a sua participação mas, no entanto, permitiu candidatar-se à filiação na referida Associação que lhe foi concedida, em Outubro de 1976, com a ajuda de Khin Hla, Presidente da APUKO.

Em Dezembro do mesmo ano, Macau recebeu mais um convite da WUKO para participar no IV Campeonato Mundial a realizar-se em Dezembro de 1977, em Tóquio, no Japão.

O Mestre Seigo Tada, formulou novamente um convite a Macau para competir no Torneio Anual da SAJKA (realizado anualmente em Julho desde 1970), que foi deliberadamente adiado até ao final de Novembro para coincidir com o Torneio Mundial, permitindo assim à Associação participar nos dois torneios com apenas uma viagem.

Da esq: Arnaldo Sousa, César Pereira, (?), Jacinto Novo, José Achiam, Luísa Pedruco, Barros (atrás), Seigo Tada, Morita (atrás), Billy Bolo, (?) e Francisco (Chiquinho) da Conceição.

O assunto foi encaminhado ao Governo de Macau para solicitar um eventual apoio financeiro, que foi efectivamente concedido, cumprindo assim um sonho muito aguardado pelos praticantes de Karaté-Do em Macau o de representar, pela primeira vez, esta cidade num evento internacional de artes marciais. Com a delegação formada pelo Shihan José Martins Achiam e Arnaldo Sousa, os competidores, o falecido Lísbio Couto, JA Souza (Billy Bolo), César Pereira, Manuel Silvério, Nga Tat Chi, Daniel Ferreira, João Madeira, A.M. da Silva, M.S. Rosário.

Durante esses dez anos de existência, esta associação teve mais de 1.000 entusiastas de ambos os sexos matriculados e praticando o karaté-do, mas, um bom número de karatekas bem qualificados partiu para o estrangeiro, retardando assim o desenvolvimento da Associação em Macau.

No entanto, eles nunca deixaram de praticar a arte, iniciando a "Academia Seigokan do Brasil" com Luís Pedruco, Acaio "Puchi" Mendonça, os irmãos Novo, Jacinto e Mário, tendo agora o Shihan Roberto Takeshi Fukuchi, na Austrália, César Pereira, nos EUA, Chiquinho Conceição e agora Fausto Carlos, no Canadá, Manuel Costa, todos alunos originais do Shihan José Martins Achiam, e por estes avanços, pode-se visualizar que o principal objectivo da Associação é difundir a arte do Karaté-Do, a sua filosofia e prática, não só em Macau, mas também gradualmente noutros países (sem negligenciar a sua origem na Seigokan do Japão), tendo sempre em mente o Espírito das Artes Marciais.

César Pereira (esq) e José Achiam (dir)

Shihan José Achiam, no segundo aniversário da sua partida, eu o saúdo.

César Pereira (5º Dan)

23 de Setembro de 2010 e Março de 2017

José Martins Achiam

O Pai do Karaté de Macau e Fundador da Seigokan Macau

Dos Primórdios às Olimpíadas, *por Manuel Silvério*

1- A Seigokan em Macau – nascimento conturbado

A Seigokan foi a pioneira do desenvolvimento do karate em Macau, ainda não implantado em Macau, tendo o primeiro treino tido lugar a 23 de Setembro de 1967, no ginásio do Seminário de São José, sob o impulso do saudoso José Martins Achiam.

Só muito depois, mais precisamente a 8 de Março de 1976, teve lugar a constituição da "Associação de Karate-Do Seigokan de Macau" (AKSM) com a aprovação dos seus Estatutos pela Portaria nº 57/76, só possível à luz do novo quadro político saído da Revolução dos Cravos em Portugal.

Na sede da AKSM depois dos exames de graduação presididos pelo Mestre Seigo Tada

A AKSM, membro filiado na "Seigokan All Japan Karate-do Association" desde a sua constituição, surge, numa época de rompimento com o passado, graças à compreensão do Governo de Macau de então, na pessoa do Governador Coronel Garcia Leandro, e contando com o inestimável apoio do José dos Santos Ferreira (Adé), então Presidente do Conselho Provincial de Educação Física. A AKSM, uma das primeiras organizações a autonomizar-se depois do 25 de Abril "largou a clandestinidade" passados 9 anos depois do seu aparecimento, passando então a gozar de prerrogativas de Associação Territorial representativa da modalidade até ao aparecimento da actual Federação de Karaté de Macau.

Participação no 5º Campeonato Mundial de Karaté, em Madrid *

* *Da direita (em baixo): João Gageiro, Miguel Siqueira, Carlos Souza, Reinaldo Silvestre, Mário do Rosário, Manuel Silvério, João Ché, Arnaldo Souza.*
Da esquerda (em cima): (Lísbio Couto), Manuel Guerreiro, (Chui Iu), José Achiam, Ngai Tat Chi, Mateus Silva, João Madeira, Kuan Pak e Va Hoc.

Foi cerca de 1968 que a Seigokan estabeleceu o seu próprio "dojo", numa moradia isolada de dois pisos sita na Avenida Coronel Mesquita e arrendada ao Colégio D. Bosco. Tal circunstância foi a semente da expansão da Goju-Ryu Seigokan formando futuros "Shihan" para a expansão do karate em Macau e internacionalmente, nomeadamente no Brasil e na Austrália e preparando um novo naipe de atletas para participarem em competições internacionais. Estavam lançadas as bases da atual Federação de Karate de Macau.

O início da prática deu-se numa época de disputas sociais e instabilidade política resultante dos ventos da Revolução Cultural Chinesa e dos incidentes do motim "1-2-3" neste pequeno território sob a Administração Portuguesa, agravado pelo facto de Portugal não ter, à data, relações diplomáticas com a República Popular da China.

Interagindo com o Mestre Nakatsuka San no Macau "dojo". Foi uma das melhores e gratificantes experiências em 1977

Também nessa altura fixaram residência em Macau muitos chineses ultramarinos oriundos da Indonésia e do Myanmar que passaram a constituir um novo grupo étnico desafiador e provocador da comunidade portuguesa aqui nascida, que se sentia oprimida e por vezes humilhada, e que encontrou na Seigokan uma referencial de esperança.

A Seigokan surgiu e desenvolveu a sua actividade de forma disciplinada sem interferir em matérias que lhe eram alheias, e por isso granjeou o respeito da sociedade geral e de diferentes grupos étnicos como um referencial de união e de força disciplinada. A disciplina, o respeito, a dedicação e o espírito atlético são as regras imutáveis da Seigokan.

Simultaneamente, o próprio karate vivia um momento de mudança uma vez que a sua imemorial história perde-se nas brumas do tempo, face à ausência de fontes credíveis na arte de luta de mãos livres. Por outro lado, consistia numa arte marcial de auto-defesa e de luta livre praticada pelos "street fighters", sem controlo nos ataques, sem proteção nos combates e sem classificação de categorias por peso, como acontece hoje.

Por outro lado, à data Macau não podia participar nas competições regionais e internacionais desta modalidade e o karate mesmo em Portugal era controlado pelas Forças Armadas Portuguesas e não pelo Ministério de Educação ou do Desporto, não sendo autorizada a sua prática ou ensino por nenhuma entidade pública ou privada. Como se sabe, em Macau não era permitida a constituição de associações desportivas ou a sua participação autónoma em competições regionais ou internacionais, dependendo em exclusivo de Portugal até ao 25 de Abril de 1974 que levou à autonomização do desporto local em 1976.

O nascimento da Seigokan apareceu exatamente nessa conturbada época.

2- As três épocas da Seigokan em Macau e no estrangeiro e a sua autonomização como modalidade desportiva de competição

A primeira fase de formação de futuros dirigentes e impulsionadores da Seigokan deu-se entre 1967 e 1970. Em Macau fixaram-se o Lisbio Maria Couto, o Bernardo de Sousa, o Jacinto Placé, o João Alvaro de Souza, o Francisco Xavier Conceição e o César Pereira que aqui desenvolveram prática formando muitos novos "karatecas" nos quais eu me incluo. No Brasil fixaram-se o Alberto Carlos Paes D'Assumpção, o Luís Alberto da Silva Pedruco, o Jacinto Novo, o Mário Novo e o Américo Machado de Mendonça. O César Pereira estabeleceu a prática na Austrália em 1974 e, posteriormente o Jacinto Placé, César Placé e o Francisco Conceição emigraram para os Estados Unidos da América.

Em 1977, a Seigokan representando Macau pela primeira vez em competições internacionais, nomeadamente no "All Japan Karate-Do Seigokan International Tournament" e no "4th World Karate Championships"

Todos esses não tiveram a sorte de poderem participar em competições internacionais como nós, os de Macau, tivemos.

A segunda fase deu-se entre 1977 a 1982, época de estreia e participação em competições internacionais.

Em 1977, pela primeira vez, deslocou-se ao Japão uma representação de Macau para participar no "All Japan Karate-do Seigokan International Tournament" (AJKST) em Otsu e, depois, no "4th World Karate Championships" no "Nippon Budokan" de Tóquio, que marcou igualmente a minha estreia em competições internacionais. Regressado a Macau tive a honra de ser condecorado, individual e colectivamente, pelo Governo de Macau, em virtude da classificação obtida nessas duas competições internacionais.

Competindo no 4º Campeonato Mundial no "Nippon Budokan" (1978)

Participámos depois em todas as competições anuais da "AJKST" e nas 4.a, 5.a e 6.a edições do "World Karate Championships", organizados pela "World Union Karatedo Organisations" (WUKO) realizadas respectivamente em 1978, 1980 e 1982, em Tóquio, Madrid e Taipei Chinês. Nestes três campeonatos Mundiais participei na primeira linha, como titular e exercendo o cargo de capitão de equipa.

Em 1980 a selecção de Macau no "5th World Karate Championships" em Madrid

Devo recordar que a nossa selecção competia em desvantagem pois, apesar das regras do "kumite" serem as mesmas, apenas sabíamos os "katas" do Goju-Ryu e não haviam distinção de categorias por peso como sucede hoje.

O "kumite" mais doloroso em que participei teve lugar no 5º Campeonato Mundial, em Madrid, onde combati com o guarda-costas do presidente do Irão, cujo peso excedia 120 kg e eu tinha cerca de 60kg. Fui gravemente atingido, duas vezes, por dois descontrolados "punches", de nada me valeu ter ganho, mesmo assim, o combate pois tive que desistir do campeonato por imposição da equipa médica. Entretanto, continuei a minha aventura no Porto, participando num Torneio amigável, e em Lisboa numa demonstração no ginásio do Sporting Club de Portugal.

A delegação da Seigokan recebida em audiência pelo Governador General Melo Egídio no Palácio do Governo depois da sua estreia em competições internacionais

Foi uma época áurea, porque fomos além-fronteiras, demonstrando a nossa autonomia desportiva, afastado o "controle" de Lisboa, apesar de competirmos sob a bandeira Portuguesa e o Hino Nacional.

Foi também um período de adaptação às novas regras de competição e à reestruturação da WUKO e APUKO. Nesta altura ocorreu também a legalização do Goju-ryu, Shito-ryu, Shotokan e Wado-ryu, (quatro estilos reconhecidos pelas Organizações Internacionais, nomeadamente a WUKO, FKM, WKF, APUKO, AUKO e a AKF) em Macau, que culminou com a constituição da actual Federação de Karate de Macau.
Naturalmente, que isto alargou os horizontes para a internacionalização do karate, como modalidade desportiva, mas enfraqueceu o espírito da Seigokan em Macau, porquanto se verificou então a divisão de alguns dos seus karatekas mais qualificados que formaram os seus próprios "dojos".

Recebendo das mãos do Mestre Seigo Tada a distinção no AJKST em Otsu, Japão

No Campeonato Mundial de Tóquio em 1977, a delegação que integrei era liderada pelo José Martins Achiam, como treinador, e pelo Lísbio Maria Couto e Arnaldo Souza, como adjuntos.

Enquanto atletas, além de mim Manuel Silvério, participaram o João Álvaro de Souza, o Daniel Albino Ferreira, o João Baptista Madeira, o Ngai Tat Chi, o António Mateus da Silva e o Mário do Rosário.

Manuel Silvério (centro) e Mário do Rosário (direita)

Nos Campeonatos Mundiais seguintes, realizados em 1980 e 1982 respectivamente em Madrid e Taipei Chinês, uma nova geração entrou em cena: o João Che Kuong Im, o João Gageiro, o Carlos Sousa, o Reinaldo Silvestre, o Miguel Sequeira e o Fernando Wah Hock.

A terceira fase nasce com a constituição da FKM em Julho de 1994 e a Associação de Karate-Do Seigokan de Macau perdeu a sua habitual visibilidade e ficando as suas actividades restringidas como um filiado da FKM. Nessa ocasião já eu tinha deixado o karate para me dedicar à gestão administrativa, primeiro na Repartição da Juventude e Desportos, que substituiu o Conselho Provincial de Educação e Física, e depois no Instituto dos Desportos a que vim a presidir.

3- O meu ingresso na Seigokan e o meu abandono do karate (1968-1983)

Ingressei na Seigokan aos 15 anos, então estudante num Colégio Salesiano, sujeito a um regime apertado de regras e de restrições. De forma discreta e tímida, apliquei-me juntamente com o meu colega de banco de escola, o Alfredo Maria da Silva, agora a residir no Brasil, para sermos praticantes de karate. Fui sujeito a uma entrevista no 1.o andar da moradia sita na Avenida do Coronel Mesquita, precedida de um pedido escrito e apadrinhado pelo meu bom amigo Jacinto Novo, que na altura já era cinturão verde.

Lembro-me apenas do Lísbio Maria Couto como um dos entrevistadores julgando que estavam também presentes o Bernardo de Sousa e o Jacinto Placé.

O nosso "background" era apreciado antes da entrevista e, sancionado este, era então na entrevista que se desenvolvia a conversa para apurar qual a razão do interesse na aprendizagem do karate. A razão prendia-se com o evitar do uso do karate para a violência ou demonstração de força organizada, sendo necessária à protecção da imagem desta nova modalidade.

Admitido com sucesso, o "dojo", com as suas regras igualitárias, proporcionava uma oportunidade de contacto em que a arena competitiva era plena e plana para todos.

Como é natural, em particular na adolescência, o treino quase diário de 15 anos consecutivos ajudaram a solidificar muitas das nossas amizades e que ainda hoje perduram.

Competitivamente obtive alguns títulos, fui condecorado pelo Governo de Macau, participei nalguns cursos de arbitragem organizados pela WUKO e APUKO e tive a grata oportunidade de praticar com muitos jovens talentosos e ter passado os meus limitados conhecimentos a estes e outros.

Entretanto, o treino árduo e diário incutindo o permanente espírito de equipa deu-nos a persistência necessária para lutar pelo que se deseja, tendo dela recebido a disciplina e os meios para me proteger e proteger a minha família. Foi graças ao karate que ganhei confiança que me faltava e perdi a timidez que me acompanhava.

Resguardado pela confiança adquirida e alavancado na confiança alcançada comecei a assumir novas responsabilidades na Seigokan, após ter chegado a Shodan (1º grau do cinturão preto) tendo assumido o cargo de tesoureiro e de adjunto do treinador.

Passei a instrutor qualificado em no dia 2 de Setembro de 1979, em exame presidido pelo Mestre Seigo Tada na sede-geral em Himeji, Prefeitura de Hyogo, Japão. Graduei-me com o San-dan.

Acabei por abandonar a prática regular, primeiro devido às inúmeras lesões, e à frustração de assistir a disputas por lugares inexistentes e pelos ciúmes que o trabalho árduo aparentemente cria num regime controverso e de mentalidades mal copiadas.

Nunca deixei a Seigokan que me deu as fundações básicas na minha formação e solidificaram o meu carácter, apenas deixei de praticar o karate, não tendo formado o meu próprio "dojo" para o filiar noutras escolas com sede no Japão.

Estava a Seigokan numa encruzilhada face às novas regras internacionais, ao aparecimento de outras colectividades locais a reclamar o seu direito de representar Macau nas competições no exterior e ao desejo de maior liberdade de alguns colegas da Seigokan nos contactos com outros estilos do karate em franco crescimento.

Tive o privilégio de ter assistido estas épocas. Fui proclamado em 2002 Membro Honorário da Federação de Karate de Macau.

4 - As pessoas mais marcantes na minha passagem pela Seigokan

Sendo que recordar é reviver expresso o meu reconhecimento ao:
José Martins Achiam como pioneiro que trouxe de Hong Kong essa prática e agregador de um magnífico conjunto de homens que muito me impressionou quando ingressei nesta casa.

Com o nosso fundador e Mestre José Martins Achiam na atual Escola Portuguesa de Macau depois de uma demonstração pública nesse ginásio

Lísbio Maria Couto foi na minha época considerado como o nosso "tai si heng" e com os meios disponíveis ele conseguiu tanto quanto possível manter um bom funcionamento e na expansão da Seigokan, gerindo o dia-a-dia do "dojo" incluindo os contactos com as diversas entidades locais e no estrangeiro, e concretizando muitas das nossas deslocações ao exterior que incluíram passagens por Hong Kong, Filipinas, Japão, Portugal, Espanha e Taiwan. Em termos técnicos, ele incutiu sempre o espírito de lutar sempre até ao fim. "Never say die" era a exigência e o lema de exigência deste magnífico companheiro de coração.

Oportunidade de aprender com o "senior brother" Lísbio Couto no "dojo" da Avenida do Coronel Mesquita

Há pessoas que entram na nossa vida e logo assumem um papel fundamental. O Lísbio foi um deles na minha vida. A sua lealdade para com a Seigokan foi eterna.

Foi a pessoa que me confiou muitas responsabilidades com a Seigokan, tanto nos treinos com os iniciados, quando foi destacado para trabalhar na Embaixada de Portugal em Pequim. Confiou-me igualmente a gestão financeira da Associação, pois desempenhava igualmente nos termos estatutários o cargo de tesoureiro. O Líbio nasceu, cresceu e viveu sempre em Macau, sem a abandonar. E com a Seigokan fez o mesmo.

Francisco Xavier Conceição, o "Chiquinho" (na foto) como toda a gente lhe chamava, foi o meu ídolo para o "hard training" sem olhar para a recompensa imediata. Quase que o considerava como o meu verdadeiro "Shihan" não fossem as regras rígidas e inflexíveis da época.

As primeiras selecções de karate que participaram nos Campeonatos Mundiais e nos torneiros internacionais após a sua imigração aos Estados Unidos, receberam dele as técnicas, o espírito de luta e de sacrifício sem estar à espera de reconhecimento.

Yamanaka Kaname, japonês e radicado em Macau. Chegou ao território em Agosto de 1968 e passados 2 meses começou a dar as primeiras aulas de Judo, tendo formado muitos jovens integrados na Mocidade Portuguesa. Desempenhou por várias vezes o papel de intérprete-tradutor nos inúmeros contactos com a Seigokan do Japão. Um bom e fiel amigo, um verdadeiro mensageiro da palavra e de ideias.

Yamanaka Kaname, com Achiam à esquerda (atrás) na foto

E finalmente e não menos importante o Mestre Seigo Tada. Fundador do Goju-Ryu Seigokan Karatedo.

Convivendo com o Mestre Seigo Tada num intervalo das competições em Hong Kong, ladeado de Lam Kam Seng, Bill Mok e Khin La

Recebi sempre dele o sorriso de simpatia, acompanhada daquela pequena vénia. Guardo com saudade e no coração a forma como ele me chamava e pronunciava o meu apelido. Foi este o Homem que criou a nossa Escola de arte e uma Escola da vida, projectando o karate para o programa desportivo das próximas Olimpíadas de Tóquio, Japão. Tenho uma eterna dívida de gratidão para com este grande líder e Mestre por tudo quanto me proporcionou e que permitiu projectar na minha carreira profissional. Uma dádiva que nunca imaginei que pudesse ir tão longe como foi e que continua a marcar o meu quotidiano. A todos bem-hajam!

5 – A Seigokan de Macau celebrou o seu 50º Aniversário

Uma delegação da Seigokan All Japan Karate-do Association, liderada pelo seu Presidente Seigo Tada (3ª geração) visitou Macau, entre 24 a 27 de Novembro de 2017, por ocasião da celebração do 50º aniversário da Seigokan de Macau.

No dia 25 de Novembro, passados quase 34 anos, tive o grande prazer de participar no seminário orientado por Miki Shihan, Shinsaku Murata e Koichi Nakano Shihans.

No dia seguinte, estas sumidades presidiram aos exames de graduação dos três "dojos" locais, que contaram com uma grande participação de associados e familiares.

Depois de tudo, Karate e Seigokan estão no meu sangue e isso reina a minha paixão. Para todos aqueles que são como eu, abracemos novamente esta arte de luta de mãos livres, unindo-nos para fazer a Seigokan mais forte.

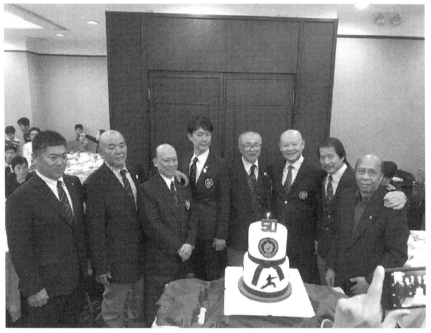

Foto do 50° Aniversário da Seigokan Macau (2017)

A todos saúdo com um forte OSS e KIAI!

Manuel Silvério (3° Dan)

Macau, Abril e Novembro de 2017

O Desporto em Macau e Eu, *por José Marcelino*

Sobre o meu contributo para o desenvolvimento do Desporto no Território de Macau, nomeadamente no Karaté-Dô.

Com saída de Lisboa na tarde de 24 de Outubro de 1983, eu e minha família em viagem pela Swissair, fizemos escala em Genebra e Munique onde pernoitámos, seguindo depois para Hong Kong com escalas em Bombaim e BangKok, chegando algo cansados ao terceiro dia de viagem.

Por volta do meio dia locais havíamos aterrado, como que em voo picado, pela passagem recente de um tufão, no Aeroporto Internacional de KaiTak, tendo os nossos pés, um pouco inchados, pisado pela primeira vez o chão de Macau pelas 4 horas da tarde, após mais uma hora num rapidíssimo Jet Foil, sem que nos tivéssemos deixado de emocionar pela presença de alguns barcos com a bandeira Portuguesa.

Tudo terá começado naquela tarde quente e húmida de 26 de Outubro de 1983 e em que Macau se despedia da passagem do terrível tufão Ellen, que eu, minha esposa e filhas, uma a fazer 4 anos naquele dia e a outra 4 meses e 1 dia, chegámos ao Território de Macau para uma comissão de serviço de 2 anos, após ter sido requisitado à Câmara Municipal de Lisboa.

Colocado na Direcção de Serviços de Obras Públicas e Transportes (DSOPT), como Arquitecto no Departamento de Obras, nada fazia prever que nos mantivéssemos por cerca de 15 anos naquele Território Chinês sob Administração Portuguesa.

Fomos encontrar uma Macau, que, como se diz e bem, é um caldo de culturas único no Mundo, Terra onde o Ocidente toca o Oriente e onde coexistem vários Mundos pela amizade e respeito das suas línguas e costumes, também fisicamente visíveis no seu urbanismo e edifícios antigos, testemunhando os mais de 5 séculos de convivência histórica.

Os Serviços de Obras Públicas e Transportes possuíam um Grupo Desportivo e Recreativo que se havia formado em 1979, e que era representado nas competições locais por equipas de futebol, bolinha, hóquei em campo já com 1 titulo de campeão, e por uma tripulação nas populares corridas de barco dragão.

O meu gosto pelo desporto, alicerçado na prática de diversas modalidades quando jovem, no Liceu e na Universidade, tornou-me acompanhante assíduo dos desempenhos das representações do Clube, pelo que fui eleito para a sua Presidência em 1986, cargo que exerci por 12 anos até ao meu regresso a Portugal em 1998.

A minha integração nos Serviços processava-se da melhor maneira pelo apoio dos seus funcionários e pelo factor agregador que o Clube da Casa proporcionava.

A minha condição de técnico das Obras Públicas e de membro da Direcção do Clube Militar de 1984 a 1990, principal Clube da Comunidade Portuguesa, também ajudavam a uma integração ímpar nos contactos com as várias estruturas da Administração e os diversos extratos da população local, nomeadamente a Chinesa.

Alguns colegas que tinham cursado Arquitectura comigo na Escola Superior de Belas Artes de Lisboa, a sempre recordada ESBAL ao Chiado, fui encontrar em Macau, tanto nos serviços públicos como na privada, o que terá funcionado também como factor integrador.

No Grupo Desportivo e Recreativo das Obras Públicas as performances desportivas e culturais iam-se desenvolvendo a contento.

Continuávamos a organizar o campeonato interno de Repartições em bolinha (futebol de 7) no campo do Colégio D. Bosco, muito acarinhado por todos os funcionários, no futebol os seniores depois de conquistarem o muito disputado campeonato da 2ª Divisão no campo das Portas do Cerco conseguiam por várias vezes o terceiro e quarto lugares na 1ª

Divisão em campeonatos disputados no Estádio do Canídromo, logo a seguir às equipas semi–profissionais existentes, e os juniores sagravam-se campeões num ano e vice campeões no outro.

No futebol de salão (futebol de cinco) ganhámos vários torneios e no futebol de sete vencemos o importante torneio da Associação dos trabalhadores da Função Pública. Formou-se uma equipa de basquetebol e organizaram-se campeonatos internos de snooker e de ténis, bem como as habituais festas de Natal para os filhos dos funcionários da DSOPT, e o muito apreciado Magusto no complexo desportivo de Hac-Sá pelo S. Martinho.

Um dia de 1987 o Mário Rosário, grande desportista, cinturão negro de Karaté, jogador e treinador da nossa equipa de Hóquei em Campo desafiou-me para iniciarmos uma Academia de Karaté-Dô SeigoKan.

O Karaté Dô sempre foi uma modalidade importante no panorama desportivo de Macau e nas Obras Públicas existiam alguns atletas credenciados para o seu desenvolvimento.

Desde logo a Direcção do Clube apoiou a ideia e nesse mesmo ano, com início no ginásio da Escola Comercial Pedro Nolasco, hoje Escola Portuguesa de Macau, e com o apoio do Mestre José Martins Achiam, a Academia das Obras Públicas viu a luz do dia.

Mais tarde em 1992 estive presente, em representação da Academia do Grupo Desportivo e Recreativo das Obras Públicas de Macau (GDROPM) na formação da Associação de Karaté Dô de Macau, sob a égide do Instituto dos Desportos de Macau, entidade reguladora do desporto no Território, porque até aí vivia-se na separação dos diversos Estilos, o que dificultava a representação de Macau nas competições internacionais sob a responsabilidade do Comité Olímpico da Ásia, nomeadamente os Jogos da Ásia e da Ásia Oriental, tendo sido eleito o José Achiam para a Presidência.

A Academia do Grupo Desportivo das Obras Públicas de Macau continuava a progredir e mudou-se para o belíssimo ginásio da Escola Primária Oficial na Av. Sidónio Pais, e um nosso atleta o Bruno Loureiro sagrou-se no Japão campeão do Mundo Universitário em Kumité, e o Wong Pak Cheong foi medalha de bronze nos Jogos da Ásia de 1993 em Xangai.

Nesta fase e como corolário do nosso desenvolvimento passámos a ter todos os anos a visita do Grande Mestre, o Sr. Seigo Tada, que vinha a Macau para presidir aos exames de graduação.

O Grande Mestre do Goju Ryu SeigoKan, o Sr. Seigo Tada, 8º Dan, falecido em 1997, fundador do SeigoKan, grande referência da modalidade, grande personalidade do Desporto Japonês e Mundial estabeleceu connosco um afável convívio, que se foi alicerçando numa amizade de que guardo gratas recordações, em Macau, nomeadamente dos jantares no restaurante Japonês Furusato no Hotel Lisboa, sempre da sua preferência, e de Himeji Shi, sede da sua Academia no Japão, aquando da minha deslocação com os atletas da Academia das Obras Públicas ao Campeonato do Mundo de SeigoKan em 1995, Jubileu de Ouro da SeigoKan, onde se fez sentir uma forte presença de Macau, do Brasil, da Austrália e claro do Japão, tendo o nosso atleta e instrutor Mário Novo conquistado o título de campeão em Kata.

Tínhamos a maior Academia de Karaté Dô de Macau com mais de 200 atletas, de várias etnias e de varias idades em especial de jovens, mercê da dinâmica, disciplina e o apuro técnico do Mário Rosário, do Mário Novo, do João Madeira, do Lísbio Couto, do João Gageiro e de alguns outros que nos visitaram como os Mestres Santana e Carlos Fernandes da Associação de Karaté SeigoKan de Portugal.

Também recordamos a visita do Mestre Carter Wong, artista de cinema, um dos 18 homens de bronze de Shaolin, e que agora se tem dedicado a instrutor de algumas estrelas de Hollywood, como Kurt Russel, William Slater, Silvester Stallone e Chuck Norris, de entre outros.

As excelentes relações com as outras Academias são de realçar nomeadamente com a do Clube Juventude e com a Unidade Tática de Intervenção da Polícia de Macau e seus dirigentes José Neves e Proença Branco.

As atividades do Clube eram cada vez maiores e no plano internacional cabe referir as deslocações do hóquei em campo e do futebol ao Torneio de Singapura organizado pelo Cricket Clube local, algumas deslocações à China e a Hong Kong, a ida ao Japão para na Universidade de Keyo em Tóquio participarmos da festa de inauguração do piso de relva artificial, as duas idas à Tailândia para disputa de jogos de futebol e hóquei com equipas da Polícia de BangKok, as idas a Pequim e a Seul para disputa de jogos de futebol, quase sempre por alturas do 10 de Junho, dia de Portugal, não esquecendo os jogos de futebol e hóquei disputados em Macau com equipas do Japão e Hong Kong, bem como a disputa de jogos de basquetebol com uma seleção de Filipinos residentes em Macau, e com uma equipa da cidade Chinesa de San Vui.

No ténis também começámos a ganhar importância pela organização de um torneio não só para os funcionários e seus familiares, mas aberto a todos os praticantes e que se tornou de grande importância para a modalidade.

Representando o Grupo Desportivo das Obras Públicas tinha feito parte em 1992 das reuniões no Instituto dos Desportos, conjuntamente com outros clubes praticantes, como o Clube de Ténis Civil, o Clube Militar, o Clube do Banco Tai Fung, e o Clube Atenas, para a criação da Associação de Ténis de Macau, por forma a viabilizar as representações internacionais, tal como posteriormente aconteceu com o Karaté, e que já foi referido.

Eleito para a Direcção da Associação de Ténis, cumpri os mandatos de 1992-94 e como Presidente de 1995-98, até ao meu regresso a Portugal.

Foram anos importantes pela reestruturação da modalidade, pela coesão entre os Clubes, pela criação dos campeonatos de Macau nas várias categorias, pelo apoio às atividades dos Clubes, pela criação de um ranking, e pela realização de dois campeonatos internacionais, o último na minha Presidência em 1995 e em que estiveram representados Portugal, Tailândia, China, Hong Kong, Brunei, Filipinas e claro Macau como anfitrião, e pelas deslocações a Darwin na Austrália aos Jogos de Arafura em 1993, a Fukuoka no Japão em 1996 com a seleção de juniores para disputa do campeonato Asiático, as idas a Hong Kong e à China, para disputa de torneios e as reuniões da Federação Asiática de Ténis no Kuweit em 1995, em Nova Deli na Índia em 1996 e em BangKok na Tailândia em 1997,onde privei com quase todos os Presidentes do ténis da Ásia e do Médio Oriente.

O Grupo Desportivo das Obras Públicas com sede no 1º. Andar das instalações da Direcção dos Serviços na Rua D. Maria II ocupava dois espaços. Um funcionava como bar e o outro como zona de lazer, convívio e de reunião, onde vários expositores faziam mostra do historial do clube pelas taças e troféus conquistados e pelas fotos expostas referentes a vários acontecimentos importantes.

De 1983 a 1998, anos da minha presença, o Território havia-se expandido muito, não só fisicamente pelos novos aterros e edificações, mas também nas suas estruturas, nomeadamente nas desportivas.

Colaborei como técnico em obras de remodelação do Pavilhão de Mong Há, do Estádio do Canídromo, do campo de Tap Seac, na construção das novas bancadas do Clube de Ténis Civil e na elaboração do 1º programa com o Instituto dos Desportos para o novo estádio posteriormente inaugurado na Ilha da Taipa a 23 de Fevereiro de 1997.

Como dirigente desportivo fiz parte do Conselho Superior do Desporto e nessa condição e na de Presidente da Associação de Ténis integrei as delegações representativas de Macau, que se deslocaram a Portugal e a Xantou na China em 1996, bem como aos Jogos de toda a China que se disputaram em 1997 em Xangai, evento que contou com a presença dos Presidentes da China e do Comité Olímpico Internacional, e preparatório da realização de futuros Jogos Olímpicos naquele País.

Se contribuí para o desenvolvimento de Macau, nomeadamente do Desporto, Macau também terá contribuído para a minha formação enquanto cidadão e dirigente desportivo, e por tudo isso me sinto muito grato a todos aqueles que me ajudaram e contribuíram para que eu me sentisse sempre em plenitude um cidadão de Macau, que o representou internacionalmente em vários eventos desportivos e que com muito orgulho ergueu a sua bandeira nos Jogos de Arafura em Darwin na Austrália.

Regressado a Portugal em 12 de Setembro de 1998, por via do cumprimento do calendário de transição e regresso dos servidores do Estado em comissão de serviço, e após ter formado o meu substituto pela chamada politica de localização de quadros, eu e minha família entrámos no Airbus A 340/300 da TAP de nome Venceslau de Morais com muitos amigos a despedirem-se, muito emocionados pelas manifestações de afecto e consideração, o que para nós constituiu uma grande honra, e por todos os anos em que tivemos o privilégio de viver naquela Terra tão doce em convivência leal e sincera com todas as suas instituições e residentes.

Da viagem de regresso eu e a minha família pouco temos a recordar, pois passámos quase todo o tempo a dormir, o que não era habitual em viagens de avião, tal o abalo físico e emocional, e só nos lembramos das aterragens em BangKok e Istambul e claro da chegada a Portugal, com a alegria do cão que não nos via há quase 24 horas, por ter viajado no porão, e dos familiares que ansiosamente aguardavam o nosso regresso definitivo.

José António de Pádua Marcelino

Arquitecto, 25 de Maio de 2017

Academia de Karaté Dô do Grupo Desportivo e Recreativo das Obras Públicas de Macau com atletas instrutores, Mestre Seigo Tada e eu

Academia do Grupo Desportivo e Recreativo das Obras Públicas em sessão de trabalho

Com Mestres Lísbio Couto, Mário do Rosário, eu e o grande Mestre Seigo Tada em exame de passagem de graduação em Macau

Eu e o grande Mestre Seigo Tada a jantar no restaurante Furusato no Hotel Lisboa em Macau

Eu com o Mestre Achiam em Xangai na China, em 1997

Jantar em Macau com o Mestre Mário do Rosário e Carlos Fernandes

Mestres Mário Rosário e Carter Wong comigo em Macau, em 1997

Eu e Mário Rosário com o Mestre Seigo Tada em Himeji Shi, aquando do 50º torneio do Seigokan All Japan Karaté Dô Association em 1995

(Campeonato do Mundo)

Atletas em formação em Himeji Shi, no 50° torneio do Seigokan All Japan Karaté Dô Association em 1995 (Campeonato do Mundo)

Mário Novo em Himeji Shi, a receber do Grande Mestre Seigo Tada o diploma de vencedor do campeonato mundial Seigokan em Kata

Eu e o Mestre Seigo Tada no torneio do 50º aniversário do Seigokan All Japan Karaté Dô Association (SAJKA) em Himeji Shi, em 1995

Em Macau, da esquerda para a direita, o José Neves, eu, Carter Wong, Mário Novo, Mário do Rosário e Carlos Fernandes (AKSP)

Bandeira da Academia de Karaté SeigoKan do Grupo Desportivo e Recreativo das Obras Públicas

Fotos: Cortesia & Copyright © de:

José António de Pádua Marcelino

Estágios em Macau, *por José Santana*

A fim de retribuir as visitas efectuadas por Mário do Rosário a Portugal e também com a perspectiva de aperfeiçoar a técnica do Karaté Goju-Ryu Seigokan, aproveitando o facto dos meus interlocutores e seniores de Macau falarem a mesma língua, desloco-me àquela ainda então região sob administração portuguesa em Dezembro de 1991, a fim de realizar um estágio técnico na AKSM (Associação Karatedo Seigokan de Macau), sob a direcção técnica do Shihan José Martins Achiam.

A viagem de avião efectua-se até ao Aeroporto Internacional de Hong-Kong, dado que Macau ainda não dispunha de aeroporto. À chegada, à minha espera, encontrava-se o Mário do Rosário. Aguardava-nos ainda uma viagem por barco até Macau, onde nos recepcionaram cerca de 40 membros da AKSM. De seguida, Mário do Rosário, Mário da Graça Novo e o seu irmão, levam-me a um restaurante típico, onde após o repasto me perguntam se tinha gostado do que tinha comido... cobra, cão e gato. Há também miolos de macaco nos menus dos restaurantes macaenses. Numa mesa de madeira, com um pequeno orifício circular no meio, introduzem a cabeça de um macaco ainda vivo. Com uma catana afiada, a parte superior da cabeça do macaco é decepada, extraindo assim os referidos miolos para confecção. Quase vomitei a refeição...

Macau é uma região fascinante e cosmopolita, onde os casinos, à semelhança de Hong-Kong, desempenham um papel fundamental na economia local. Outra faceta importante, é o importante papel desempenhado pela prostituição como cartaz turístico. Um arquitecto do Algarve, amigo do Mário do Rosário, de cujo nome não me recordo e que também ali se encontrava de férias, mostrou-me uma "montra", como não há na Holanda ou noutro qualquer país europeu, "esclareceu-me".

Com o arquitecto e família de Mário do Rosário

Passeando em Macau nos famosos "Rickshaws"

Com Lísbio Couto no Estágio realizado em Macau (1991)

Tive ainda a oportunidade de visitar a China, onde em Zhuhai, se não estou errado, me serviram num hotel o focinho de um papa-formigas. Não o consegui comer. Passei fome nesse dia.

Depois de uma semana ali e do estágio efectuado, o Shihan José Achiam, apercebendo-se das minhas qualidades técnicas, convida-me a ir efectuar exame para 3º Dan no Japão, ao que lhe observei que não ia preparado para isso monetariamente, uma vez que isso arrecadaria certamente uma despesa adicional considerável. Tinha efectuado exame para 2º Dan em Portugal, com Hanshi Seigo Tada, em 1989. José Achiam entra em contacto com o Grande Mestre e após acertar pormenores com o Shihan Yukiaki Yoki, Director-Geral da Seigokan Overseas, parto para o Japão, com viagens e estadia pagas pelo Shihan José Martins Achiam. A receber-me no país do sol nascente, o Grande Mestre Seigo Tada e os Sensei Katsumune Nagai e Yukiaki Yoki.

Com o Diploma de 3º Dan e os Senseis Nagai (esq.) e Yoki (dir.)

Senseis Ohuchi, Shimamoto, Santana, Tanaka e Hanshi Seigo Tada

Quando da deslocação para o dojo, Nagai entrega-me as suas malas para transportar. Interrogo-me então se necessitaria de passar por aquilo... eu que em Portugal até já era patrão (!?).

Após mais uma semana de intenso e árduo treino de aperfeiçoamento técnico e refeições frugais, realizo exame no Hombu Dojo, sob a supervisão do Grande Mestre Seigo Tada. De regresso a Portugal, no início de Janeiro de 1992, prossigo com o ensino de Karaté Gojuryu Seigokan nos dojos da Margem Sul.

Em finais de 1997, mais propriamente em princípios de Novembro, desloco-me com o Carlos Fernandes primeiramente a Macau, a fim de realizarmos um estágio técnico liderado por Mário Sales do Rosário e Mário da Graça Novo, para aperfeiçoarmos as Katas Superiores Kururunfa e Suparimpei, bem como o Torité e o Yakusoku Kumité, antes de nos dirigirmos no ano seguinte ao Japão, em Julho de 1998, a fim de participarmos no 53º Aniversário e Campeonato Mundial da Seigokan.

Estágio realizado em Macau (AKSM), em Novembro de 1997

Estava a ter dificuldade na aprendizagem do kata Suparimpei, pela velocidade empregue na sua execução pelos meus seniores macaenses e tive de dar um "murro na mesa" e apelar para uma demonstração mais espaçada e calma, e por tempos, sob pena de apanhar um avião de regresso a Portugal. No dia seguinte, levantei-me às 6H00 da manhã e fui para o dojo treinar o kata até à exaustão e à sua aprendizagem e domínio completo. O Carlos Fernandes não sabia de mim e estava furioso. Quando me encontrou, já eu executava o maior kata de Goju-Ryu na perfeição.

Atsuko Wakai, vencedora do 3º Campeonato Asiático, com Santana

Houve ainda a oportunidade de assistirmos à realização do 3º Campeonato Asiático de Karaté-Do, organizado pela Asian Karatedo Federation (AKF), liderada pelo Shihan José Achiam, que se efectuou em Macau a 7 de Novembro, e onde Atsuko Wakai obteve uma das suas primeiras grandes vitórias em kata.

Tive a grata ocasião de poder conviver e de me tornar um grande amigo íntimo da campeã mundial e principal ídolo vivo da Seigokan. Tornar-nos-emos a encontrar no ano de 2008, aquando do 63º Aniversário e Campeonato Mundial da Seigokan, realizado no Budokan de Himeji, no Japão.

Reencontro no 63º Aniversário e Campeonato da Seigokan (2008)

Eu e o Carlos Fernandes tivemos uma participação brilhante e digna no 73º Campeonato[3], pelo facto de me ter sagrado Campeão Mundial de Kumité e obtido o segundo lugar em Kata e o Carlos Fernandes o terceiro lugar em Kata. Após o campeonato foram-nos realizados exames de graduação no Honbu Dojo para 4º Dan e 3º Dan respectivamente.[4]

A foto seguinte, ilustra a participação no campeonato.

---

[3] Há um hiato de 20 anos entre os Aniversários e os Campeonatos da Seigokan

[4] Eduardo Pinheiro, "Portuguese Seigokan Karate-Do Association (AKSP) History" (Ofício informativo para o Hombu Dojo no Japão. Agosto de 2005) e "Historial Simplificado da Seigokan" (AKSP, Janeiro de 2007)

Instantâneos do 73º Campeonato Mundial da Seigokan (1998)

As minhas visitas a Macau, estão assim intrinsecamente ligadas às deslocações ao Japão e ao Hombu Dojo da Seigokan. Acima de tudo, a amizade com os meus irmãos de Macau prevaleceu, e todos serão bem-vindos a Portugal, sempre que o desejarem. A todos, o meu muito obrigado! Oss…

José Manuel Guerreiro Santana (7º Dan)
Director Técnico Nacional da AKSP

Portugal, Novembro de 2017

Seigokan Macau em Portugal, *por Eduardo Lopes*

A primeira deslocação de uma delegação da Seigokan de
Macau à então metrópole, verificou-se em 1980, mais
precisamente nos meses de Outubro/Novembro, quando da
participação no 5º Campeonato Mundial de Karaté (WUKO),
em Madrid. Após o campeonato, a equipa de Macau, formada
quase exclusivamente por membros da AKSM, visita Lisboa e
faz uma demonstração no Sporting Clube de Portugal.

Equipa da Selecção de Macau que participou no 5º Campeonato Mundial de
Karaté (WUKO) em Madrid e visitou a Metrópole (1980) Na foto pode-se ver;
José Achiam, Lísbio Couto, Mário do Rosário, Manuel Silvério, Arnaldo
Sousa, João Ché, Api Ngai, Reinaldo Silvestre, Carlos Sousa, João Madeira,
Fernando Wah Hock, entre outros.

Seguidamente deslocam-se ao Porto, onde no Palácio de Cristal participam num torneio quadrangular composto por equipas da Inglaterra, Macau, Porto e Lisboa.[5] Houve uma demonstração de Taekowndo, onde posteriormente João Gageiro e João Che os desafiam para um combate, mas em que não aceitam. A equipa do Porto não era de karaté tradicional, pois não usavam karategi brancos.[6]

Equipas participantes no torneio no Palácio de Cristal, Porto (1980)

---

[5] *Sub voce* João Gageiro (2017)
[6] Tudo indica tratar-se da Soshinkai do Sensei Mário Águas, que viria a aderir ao SKIF do Hanshi Kanazawa e que muito recentemente tinha cindido com o Mestre Tran-Huu-Ha, introdutor do estilo em 1965/66.

Instantâneo de um kumité do torneio com Manuel Silvério

Foto de grupo dos participantes no torneio do Porto (1980)

(Cortesia & Copyright © Manuel Silvério)

É assim que pela primeira vez se conhecem José Santana e Mário do Rosário, passando este último a fazer várias visitas a Portugal, tornando-se ambos grandes amigos. Só muitos anos mais tarde descobririam, casualmente, que faziam anos no mesmo dia, como aliás no mesmo dia do próprio Sensei Tsuchiya.[7]

Santana, Mário do Rosário, Pinheiro e Carlos

---

[7] "História da Seigokan em Portugal" de Eduardo Cunha Lopes, pág.146

Em Setembro de 1992, o Sensei Mário do Rosário vem novamente à Metrópole.[8]

Mário do Rosário no Aeroporto da Portela, em Lisboa

Também o Sensei José Achiam se desloca em viagem de lazer a Lisboa em meados dos anos 90, tendo almoçado e jantado com o Sensei José Santana, da AKSP.[9] Viria ainda pelo menos mais uma vez à metrópole.[10]

Em Maio de 1995, a Seigokan de Portugal (AKSP), recebe a visita do Sensei João Gageiro, da sua congénere Associação de Karatedo Seigokan de Macau (AKSM). O Sensei Gageiro, tem a oportunidade de treinar e conviver com os seus irmãos da metrópole e assistir ao XVII Campeonato Nacional da Seigokan, realizado a 7 de Maio de 1995.[11]

---

[8] "História da Seigokan em Portugal" de Eduardo Cunha Lopes, pág.158
[9] *Sub voce* José Santana (2017)
[10] A passagem para Região Administrativa Especial de Macau da República Popular da China (RAEM), verificar-se-á somente a 20 de Dezembro de 1999.
[11] "História da Seigokan em Portugal" de Eduardo Cunha Lopes, pág.161

Visita do Sensei João Gageiro da Seigokan Macau em Maio de 1995

No início da época de 1998-99, em Setembro/Outubro, a AKSP recebe a visita do Sensei Mário Novo da Seigokan de Macau (AKSM), com quem José Santana e Carlos Fernandes tinham estado a estagiar em 1997, antes de irem ao Japão participar no campeonato. Após um treino no Dojo do Lazarim (Colégio Campo de Flores), foram jantar ao restaurante "A Zita", na Costa da Caparica, hoje em dia já inexistente, retribuindo assim a boa recepção tida em Macau.[12]

---

[12] "História da Seigokan em Portugal" de Eduardo Cunha Lopes, pág.172

Visita do Sensei Mário Novo a Portugal, em 1998 (Dojo do Lazarim)

Poucos anos depois, no início do novo milénio, em 2002/2003, o Sensei Mário Sales do Rosário (já não pertencente à Seigokan, que abandonara após a morte do Hanshi Seigo Tada), desloca-se novamente a Lisboa, onde, sob os auspícios do Sensei Santana, ministra um treino/estágio no Clube Recreativo Charnequense.

Mais recentemente, em Novembro de 2017, o Shihan João Gageiro, também já não pertencendo à Seigokan, que deixara em 1999 após o falecimento do Grande Mestre Seigo Tada,[13] visita novamente Portugal vindo de Inglaterra onde assistira a um casamento, e ministra treinos de Goju-Ryu durante uma semana e um estágio técnico nacional conjunto com o Shihan José Santana a 3 de Novembro, no Dojo da Sobreda de Caparica da AKSP.

---

[13] A Seigokan de Macau (AKSM), sofreu uma sangria de abandono de membros destacados após o falecimento do Grande Mestre Seigo Tada em Setembro de 1997, mantendo-se no entanto ainda hoje em dia, como a associação de karaté mais importante de Macau, com a contribuição do maior número de atletas que integram a selecção da Federação de Karaté-Do de Macau.

Shihan Santana (esq.), o autor, Shihan Gageiro (dir.)

Foto de grupo do estágio de 3 de Novembro de 2017

Lisboa, Novembro de 2017　　　　　**Eduardo Lopes (3º Dan)**

NOME: Paula Cristina Pereira CARION 賈嘉慧*

DESPORTO: Karaté-Do (Kumite) 空手道(組手/ 搏擊)

Palmarés 成績

- Campeã Júnior de Kumite de Macau 1998-2000
  Campeã Sénior de Kumite de Macau 2002-Presente
- **4° Asia Union Karate-do Organization (AUKO)**
  Campeonato Júnior (Macau, Novembro 1998)
  - Kumite Individual Feminino (15 anos) – PRATA
- **5° AUKO Campeonato Júnior (Macau, Agosto 2000)**
  - Kumite Individual Feminino (17 anos) – PRATA
  - Kumite Feminino por Equipas– BRONZE
- **Convite Torneio International Karate-do Hong Kong**
  (Hong Kong, Março 2001)
  - Kumite Feminino por Equipas – BRONZE
- **7° Asian Karate-do Federation (AKF) Campeonatos**
  Senior, Júnior & Cadetes (Macau, Maio 2005)

- Kumite Individual Feminino Senior +60kg - BRONZE

- **2º Campeonato Open de Karaté-Do da Málasia (Kuala Lumpur, Malásia, Outubro 2005)**
  - Kumite Individual Feminino +60kg – BRONZE
  - Kumite Individual Feminino Open – OURO
  - Kumite Feminino por Equipas - BRONZE

- **4ºs Jogos Asiáticos Orientais (Macau, Novembro 2005)**
  - Kumite Individual Feminino –60kg - OURO

- **15ºs Jogos Asiáticos (Doha, Qatar, Dezembro 2006)**
  - Kumite Individual Feminino +60kg - BRONZE

- **Torneio International de Karate-do de Hong Kong (Hong Kong, Março 2009)**
  - Kumite Individual Feminino Open - BRONZE

- **1ºs Jogos de Artes Marciais da Ásia (Banguecoque, Tailândia, Agosto 2009)**
  - Kumite Individual Feminino +61kg - PRATA

- **16ºs Jogos Asiaticos (Guangzhou, China, Novembro 2010)**
  - Kumite Individual Feminino +68kg - BRONZE

- **1º East Asian Karate-do Federation (EAKF) Championship (Macau, Março 2011)**
  - Kumite Individual Feminino +68kg - SILVER

- **2º East Asian Karate-do Federation (EAKF) Championship (Tokyo, Japão, Maio 2012)**
  - Kumite Individual Feminino +68kg - BRONZE

- **3º East Asian Karate-do Federation (EAKF)**

Championship (Wuhan, China, Maio 2013)

- Kumite Individual Feminino +68kg - BRONZE

- 6°s Jogos Asiáticos Orientais (Tianjin, China, Outubro 2013)

- Kumite Individual Feminino +68kg - BRONZE

- 12°s Asian Karate-do Federation (AKF) Senior/ 13° Junior & Cadet Championships (Dubai, UAE, Dezembro 2013)

- Kumite Individual Feminino Senior +68kg - BRONZE

- 17°s Jogos Asiáticos (Incheon, República da Coreia, Outubro 2014)

- Kumite Individual Feminino +68kg - BRONZE

* Paula Carion, é a mais destacada atleta actual da Seigokan de Macau, com o impressionante palmarés atrás exibido, bem como uma destacada personalidade pública marcante na sociedade macaense. Outra atleta de renome da Seigokan de Macau é Pansy Cheung.

Yasmin Chan Chi San (5º Dan)

Federação de Karatedo de Macau: Secretária-geral e Presidente do Conselho de Arbitragem

Federação de Karaté da Ásia Oriental: Presidente do Conselho de Arbitragem

Federação de Karaté da Ásia: Membro do Conselho de Arbitragem e Presidente do Comité Desportivo Feminino

Macao Karatedo Federation: Secretary general and Referee council chairman;
East Asian Karate Federation: Referee council chairman;
Asian Karate Federation: Referee council member and Women sport committee chairman;
World Karate Federation: Referee council member.

Shihan Che Kuong Im e Sensei Yasmin Chan, actuais dirigentes da Seigokan de Macau

Apêndice

Portaria n.º 57/76
de 8 de Março

Artigo único. São aprovados os Estatutos da Associação de Karate-Do Seigokan de Macau que fazem parte integrante desta portaria e baixam assinados pelo presidente do Conselho Provincial de Educação Física.

Governo de Macau, aos 6 de Março de 1976.

ESTATUTOS DA ASSOCIAÇÃO DE KARATE-DO SEIGOKAN DE MACAU

I - Denominação, sede e filiação

Artigo 1.º Este agrupamento, que tem a denominação de "Associação de Karate-Do Seigokan de Macau (AKSM)" com sede obrigatoriamente em Macau, é um organismo filiado na "SEIGOKAN ALL JAPAN KARATE-DO ASSOCIATION (SAJKA)", cuja sede-geral fica em Himegi, Prefeitura de Hyogo, Japão.

II - Fins

Art. 2.º Sendo um organismo de arte marcial, além de manter em funcionamento, na própria sede, uma academia de ensinamento e aperfeiçoamento de karate-do, a Associação tem ainda por fim:

a) Promover a prática e desenvolvimento de karate-do entre os seus membros, como arte de autodefesa e académico-desportiva.

b) Estabelecer centros filiais para a aprendizagem e prática de karate-do, sob a orientação de um instrutor ou instrutores designados pela SAJKA ou ASKM, por intermédio do instrutor-chefe da Associação;

97

c) Promover actividades desportivas, recreativas e culturais entre os membros e seus familiares;

d) Cooperar e participar nos intercâmbios e torneios internacionais de karate-do quando devidamente convocada pelas organizações promotoras reconhecidas pelo respectivo organismo oficial;

e) Filiar-se, quando devidamente autorizada, em organizações internacionais de karate-do, nomeadamente, a "World Union of Karate-do Organization" e a "Asian Pacific Union o Karate-do Organization".

III – Membros

Art. 3.º Os membros da Associação classificam-se em:

a) Membros honorários - os que tenham prestado relevantes serviços ou auxílio excepcional à Associação ou à causa da arte de karate-do e que a Assembleia Geral entenda dever distinguir com este título, proclamando-os;

b) Membros activos.

1) Instruendos - os que Participem activamente nos treinos e aprendizagem de karate-do, ministrados na academia e nos centros filiais da Associação, ou em outras actividades relacionadas com a arte, promovidas pela mesma;

2) Ordinários - os que, não participando, embora, nos treinos e aprendizagem de karate-do, desejem associar-se para tomar parte nas actividades desportivas, recreativas e culturais, promovidas pela Associação.

Art. 4.º A admissão dos membros activos é feita por meio de proposta assinada por qualquer membro activo já inscrito e submetida à deliberação da Direcção; a proposta deverá ser apresentada em boletim fornecido pela Associação, donde constará o nome completo, idade, naturalidade, profissão e morada do proposto, que assinará também o boletim.

§ único. Tratando-se de menores de 21 anos, os boletins serão acompanhados da autorização dos respectivos pais ou encarregados de educação.

Art. 5.º São condições para ser membro activo:

a) Ter bom comportamento moral e civil;

b) Possuir robustez física necessária, quando se trate de membro instruendo;

c) Estar autorizado pelo pai ou encarregado de educação, sendo menor de 21 anos de idade;

d) Ter mais de 8 anos de idade.

Art. 6.º Tratando-se de candidato já detentor duma certa graduação em karate-do, a admissão obedecerá às seguintes regras:

a) Se a graduação tiver sido conferida por associação ou academia reconhecida pela SAJKA, o candidato poderá ser admitido como membro instruendo e autorizado a manter a sua graduação, desde que se prontifique a ser submetido a um exame na primeira oportunidade;

b) Se a graduação tiver sido conferida por associação ou academia não reconhecida pela SAJKA, o candidato só poderá ser admitido como membro instruendo sem qualquer graduação.

Art. 7.º A eliminação da qualidade de membro será feita por deliberação da Direcção quando se verificar:

a) O não pagamento das quotas devidas por tempo superior a seis meses, salvo se por motivo justificado, devidamente aceite pela Direcção;

§ único. O membro eliminado nos termos da alínea a) ficará sujeito, na sua readmissão, que poderá ser solicitada, ao pagamento das quotas em débito;

b) Ter sido condenado judicialmente por crimes desonrosos ou por delitos de direito comum;

c) Ter praticado acção que possa comprometer o bom nome da SAJKA ou da Associação, prejudicando os organismos no seu prestígio e interesses;

d) Ter provocado desunião dentro da SAJKA ou da Associação, causando desentendimentos ou discórdias entre os seus membros, ou por propaganda contra qualquer dos referidos organismos;

e) Ter em funcionamento centro ou centros de ensinamento de karate-do sem a necessária autorização da SAJKA ou AKSM, por via do instrutor-chefe desta.

IV - Direitos e deveres dos membros activos

Art. 8.º São direitos gerais:

a) Participar e votar nas reuniões da Assembleia Geral da Associação;

b) Eleger e ser eleitos para os cargos dos corpos gerentes e ser nomeados para quaisquer cargos que devam ser desempenhados por membros activos ou para representarem a Associação junto de organismos oficiais ou internacionais;

c) Participar nos treinos e submeter-se aos exames de graduação, sendo membros instruendos e quando para isso tiverem as necessárias qualificações;

d) Submeter propostas para admissão de novos membros;

e) Usufruir de todas as regalias concedidas pela Associação aos membros;

f) Pedir a sua desligação como membro da Associação;

g) Reclamar contra actos que considerem lesivos dos seus interesses ou do bom nome e prestígio da Associação;

h) Possuir o bilhete de identidade de membro, o qual será emitido pela Direcção e autenticado com o selo branco em uso na Associação. O bilhete é intransmissível e a sua validade caducará automaticamente quando o seu titular deixar de pertencer à Associação ou de participar nas actividades da mesma por período superior a um ano.

Art. 9.º São deveres gerais:

a) Pagar com regularidade as quotas devidas e satisfazer o pagamento de todos os encargos legalmente estabelecidos;

b) Cumprir os Estatutos, as deliberações e resoluções dos corpos gerentes da Associação e os regulamentos vigentes;

c) Contribui para o progresso e prestígio da SAJKA, da Associação e, dum modo geral, da arte de karate-do;

d) Comunicar por escrito à Direcção quaisquer factos do seu conhecimento, que possam interessar à Associação, e informar directamente o secretário de qualquer mudança de endereço;

e) Dar conhecimento imediato à Direcção de actos lesivos dos interesses da Associação, sobretudo se souber que qualquer membro esteja a fazer funcionar centro ou centros de ensinamento de karate-do, sem que para isso esteja autorizado, ou ainda utilizando o karate-do para fins contrários ao espírito da arte marcial, de autodefesa ou destes Estatutos;

f) Comunicar à Direcção quando deseje suspender a sua participação nas actividades da Associação, nomeadamente nos treinos, por período superior a três meses.

V - Quotas e propinas de treinos e exames

Art. 10.º Todos os membros terão de pagar uma quota mensal fixada nos termos destes Estatutos.

Art. 11.º Os membros instruendos, além da quota mensal, terão de pagar a respectiva propina de treinos. Quando, a seu pedido, suspenderem temporariamente os treinos, passarão a pagar apenas a quota mensal.

Art. 12.º A propina de treinos divide-se em duas classes:

a) Para membros empregados;

b) Para membros estudantes ou desempregados.

Art. 13.º A propina de exame será paga adiantadamente e não será devolvida ao membro que, por qualquer circunstância, desistir do exame ou faltar ao mesmo.

Art. 14.º Todo o membro instruendo comprovadamente destituído de meios e que não possa, sem algum sacrifício, pagar a propina de exame, poderá requerer à Direcção a isenção desse pagamento.

VI - Fundos da Associação

Art. 15.º Os fundos da Associação são constituídos pelas quotizações dos membros, produto das propinas de treinos e exames, subsídios e quaisquer outras receitas legalmente autorizadas.

Art. 16.º As despesas da Associação dividem-se em ordinárias e extraordinárias, devendo as primeiras cingir-se às verbas inscritas no orçamento da Associação e as últimas ser precedidas da aprovação da Direcção.

VII - Corpos Gerentes

Art. 17.º A associação realiza os seus fins por intermédio da Assembleia Geral, Direcção e Conselho Fiscal, cujos membros são eleitos em Assembleia Geral Ordinária, para servirem durante o período de dois anos consecutivos sendo permitida a sua reeleição.

§ 1.º No caso de vacatura de qualquer lugar dos corpos gerentes, durante a gerência, o mesmo será preenchido por escolha, em reunião conjunta da Direcção e do Conselho Fiscal, por iniciativa e sob a direcção do presidente da Mesa da Assembleia Geral.

§ 2.º Se, porém, o número de lugares vagos constituir a maioria de qualquer corpo gerente, proceder-se-á então à eleição em Assembleia Geral extraordinariamente convocada para esse fim.

Art. 18.º Os resultados das eleições serão comunicados pela Mesa da Assembleia Geral ao Governo, por intermédio do Conselho Provincial de Educação Física, para efeitos de homologação.

Art. 19.º São condições para ser eleito para qualquer dos lugares dos corpos gerentes:

a) Ter mais de 21 anos de idade;

b) Ser membro activo por período superior a um ano consecutivo;

c) Não ter sofrido condenação por delitos de direito comum, nem penalidades reveladoras de falta de disciplina ou inadaptação como dirigente associativo.

§ único. A todos os membros dos corpos gerentes é exigida a condição de exercerem os seus cargos gratuitamente.

A - Assembleia geral

Art. 20.º A Assembleia Geral é constituída por todos os membros activos da Associação no pleno gozo dos seus direitos, podendo assistir às reuniões, mas sem direito de voto, os membros honorários.

Art. 21.º As reuniões da Assembleia Geral serão ordinárias e extraordinárias, cabendo ao presidente da Mesa convocá-las ou, na sua ausência, ao presidente da Direcção ou do Conselho Fiscal.

Art. 22.º As reuniões ordinárias realizar-se-ão na 1.ª quinzena de Janeiro de cada ano, para a apreciação e votação dos relatórios e contas e para a eleição dos corpos gerentes a que haja lugar.

Art. 23.º As reuniões extraordinárias efectuar-se-ão:

a) Por determinação do Governo ou do Conselho Provincial de Educação Física;

b) Por iniciativa da Mesa da Assembleia Geral ou por solicitação da Direcção ou do Conselho Fiscal;

c) A pedido da maioria dos membros activos no pleno gozo dos seus direitos.

Art. 24.º A Assembleia Geral funcionará validamente em primeira convocação, desde que esteja presente a maioria absoluta dos membros activos e poderá funcionar e deliberar com qualquer número de membros, em segunda convocação, meia hora depois da primeira, contanto que não se trate de votar a dissolução da AKSM, pois neste caso terá de se observar o disposto no artigo 42.º

Art. 25.º Todas as deliberações, excepto aquela a que se refere a última parte do artigo anterior, serão tomadas por maioria dos votos presentes, tendo o presidente da Mesa voto de qualidade, quando necessário.

Art. 26.º A Mesa da Assembleia Geral é constituída por um presidente e dois secretários. Quando decorrida meia hora sobre a fixada para a reunião e não esteja presente o presidente, tomará o lugar um dos secretários da Mesa. No caso de falta de ambos os secretários, presidirá à reunião, o membro activo, na altura, escolhido pelos presentes, o qual, por sua vez, escolherá quem faça as vezes de secretário.

Art. 27.º Ao presidente da Mesa compete orientar e dirigir os trabalhos da Assembleia Geral, com estrita observância da ordem do dia.

Art. 28.º Compete à Assembleia Geral:

a) Discutir e votar os Estatutos da AKSM e suas alterações e os regulamentos que lhe sejam propostos;

b) Eleger os corpos gerentes, conferindo-lhes posse, e exonerar os mesmos;

c) Apreciar os actos dos corpos gerentes, aprovando ou rejeitando os relatórios, balancetes e contas da Direcção;

d) Proclamar membros honorários, mediante proposta fundamentada da Direcção;

e) Conceder louvores por quaisquer actos de notável interesse para o karate-do;

f) Apreciar e resolver os recursos ou reclamações que lhe forem presentes;

g) Deliberar sobre todos os assuntos respeitantes à actividade da Associação, que sejam submetidos à sua apreciação;

h) Fixar, mediante proposta da Direcção e ouvido o Conselho Fiscal, as quotas mensais dos membros activos e as propinas de treinos e exames;

i) Deliberar sobre a dissolução da Associação.

B - Direcção

Art. 29.º A Direcção da AKSM será constituída por sete membros: presidente, vice-presidente, secretário, tesoureiro, dois vogais e conselheiro-técnico.

Art. 30.º A Direcção reunirá, ordinariamente, uma vez por mês, e, extraordinariamente, sempre que o presidente ou a maioria dos seus membros o julgar conveniente.

Art. 31.º A Direcção não poderá reunir-se com um número inferior a quatro dos seus componentes. As suas deliberações serão tomadas por maioria, tendo o presidente ou quem as suas vezes fizer, voto de desempate quanto a assuntos de carácter administrativo, e constarão dos respectivos livros de actas.

Art. 32.º Os directores têm poderes iguais e são solidariamente responsáveis pelos actos da Direcção e, individualmente, pelos actos praticados no exercício das funções excepcionais que lhes forem confiadas.

Art. 33.º Compete à Direcção:

a) Elaborar anualmente o relatório e contas, relativos ao ano económico findo, juntando aos mesmos o parecer do Conselho Fiscal. Uma cópia desses documentos deverá estar patente aos membros, na sede da Associação, pelo menos, sete dias antes da data marcada para a Assembleia Geral ordinária;

b) Cumprir e fazer cumprir os Estatutos e demais regulamento da Associação, os regulamentos das Actividades Gimnodesportivas de Macau e da SAJKA, nas partes aplicáveis, e as deliberações e instruções do referido Conselho e da Assembleia Geral e Conselho Fiscal da Associação, sempre que for caso disso;

c) Admitir novos membros activos e propor à Assembleia Geral a proclamação de membros honorários, fundamentando sempre a proposta;

d) Impor sanções e conceder louvores da sua competência;

e) Elaborar propostas de alterações aos Estatutos e quaisquer regulamentos respeitantes às actividades da Associação e apresentá-las à Assembleia Geral;

f) Submeter ao Conselho Fiscal os assuntos de carácter financeiro;

g) Propor à votação da Assembleia Geral, com o parecer do Conselho Fiscal, os quantitativos das quotas dos membros activos e propinas de treinos e exames;

h) Dirigir e manter as actividades da Associação segundo os preceitos dos Estatutos e dos regulamentos dimanados da SAJKA e colaborar com os organismos oficiais e privados, de modo a impulsionar não só a arte de karate-do como também outros desportos e actividades culturais e sociais;

i) Administrar os fundos da Associação, organizando a respectiva contabilidade, assim como quaisquer fundos especiais criados pela Associação;

j) Organizar e manter actualizados, por intermédio dos serviços da secretaria e com a colaboração das respectivas comissões directoras dos centros filiais, os registos de inscrições dos membros e de exames e as fichas individuais dos membros instruendos;

k) Nomear representantes da Associação junto dos organismos oficiais e internacionais, fixando o quantitativo do abono para despesas de deslocação e estadia quando tenham que sair de Macau;

l) Aprovar a constituição da Comissão Directora de cada um dos centros filiais a que se refere a alínea b) do artigo 2.º, vistoriar as instalações dos mesmos centros e fiscalizar as suas actividades;

m) Certificar-se de que nenhum indivíduo pratique o karate-do sem que a sua aptidão física seja devidamente comprovada;

n) Promover, por todos os meios ao seu alcance, a divulgação dos princípios que regem e dignificam a arte de karate-do ou que possam contribuir para beneficiar o aperfeiçoamento da prática da arte e do praticante, física, técnica e moralmente;

o) Requerer a convocação extraordinária da Assembleia Geral, quando o julgar necessário, submetendo à sua deliberação os assuntos que entender convenientes.

Art. 34.º A justificação dos actos da Direcção é devida à Assembleia Geral da Associação e ao Conselho Provincial de Educação Física.

Art. 35.º Ao presidente da Direcção compete, especialmente, presidir às reuniões da Direcção e dirigir todas as actividades internas e externas da Associação, assinar toda a correspondência dirigida a entidades oficiais e privadas e visar todos os balancetes e documentos de despesas.

Art. 36.º Compete aos restantes membros da Direcção:

a) Ao vice-presidente, substituir o presidente, em todos os seus impedimentos ou ausências temporárias;

b) Ao secretário, ter a seu cargo todo o serviço de secretaria e arquivo, os registos de inscrições dos membros e de exames e as fichas individuais dos membros instruendos;

c) Ao tesoureiro, ter a seu cargo toda a escrituração do movimento financeiro, efectuar ou mandar efectuar sob sua responsabilidade a cobrança dos quantitativos das quotas e exames, arrecadando os rendimentos e efectuando a liquidação das despesas legais e aprovadas;

d) Aos vogais, coadjuvar nos trabalhos dos restantes membros da Direcção, substituindo qualquer deles nos seus impedimentos;

e) Ao conselheiro-técnico, que é também instrutor-chefe, responsabilizar-se pelas actividades de ordem técnica, especialmente, treinos, exames, torneios, competições, selecção de elementos representativos da Associação, fixando os respectivos horários.

§ único. Os membros instruendos, graduados em "cinto preto", poderão, quando solicitados, coadjuvar nos trabalhos de ensinamento.

C - Conselho Fiscal

Art. 37.º O Conselho Fiscal compor-se-á de três membros: um presidente e dois vogais, todos eleitos em Assembleia Geral ordinária.

§ único. Dois dos membros deverão ter conhecimentos de contabilidade.

Art. 38.º O presidente do Conselho Fiscal será escolhido de entre os seus membros na primeira reunião do Conselho.

Art. 39.º O Conselho Fiscal reunirá, ordinariamente, de três em três meses e, extraordinariamente, sempre que o seu presidente o convoque, por sua iniciativa ou a pedido da maioria dos elementos ou solicitado pela Direcção.

§ único. As deliberações do Conselho Fiscal serão fundamentadas e tomadas por maioria de votos presentes e constarão do livro de actas.

Art. 40.º Ao Conselho Fiscal compete:

a) Examinar, pelo menos trimestralmente, os actos administrativos e as contas da Associação e velar pelo cumprimento do orçamento;

b) Emitir parecer, na matéria da sua especialidade, sobre propostas de novos estatutos ou regulamentos, ou de alteração, suspensão e revogação dos Estatutos ou regulamentos em vigor;

c) Emitir parecer sobre as propostas da Direcção relativas aos quantitativos das quotas e propinas e sobre todos os demais assuntos que lhe sejam presentes pela Direcção;

d) Elaborar relatório da sua actividade, publicando-o no relatório da Associação, com o seu parecer sobre as contas e actos de gerência financeiro-administrativos da Direcção;

e) Solicitar a convocação da reunião extraordinária da Assembleia Geral quando qualquer facto, em matéria da sua competência, o determine ou imponha.

VIII – Disciplina

Art. 41.º Por actos de indisciplina, comportamento incorrecto ou desrespeito aos Estatutos e regulamentos, ou às deliberações dos corpos gerentes, podem aplicar-se aos membros activos, segundo a natureza da falta, as seguintes penas:

a) Advertência;

b) Repreensão verbal ou por escrito;

c) Suspensão dos direitos de membro por um mês;

d) Suspensão dos direitos de membro por seis meses;

e) Expulsão.

§ 1.º A aplicação de qualquer das penas de suspensão não isenta o membro da obrigatoriedade do pagamento das respectivas quotas durante o período em que estiver suspenso. Em caso de falta de pagamento das quotas, a suspensão só cessará depois de liquidadas as quotas em débito.

§ 2.º Das decisões da Direcção que aplicarem as penas das alíneas c), d) e e), haverá recurso para a Assembleia Geral da Associação e, em segunda instância, para o Conselho Provincial de Educação Física.

IX - Dissolução da Associação

Art. 42.º A duração da AKSM é ilimitada e a sua dissolução só pode ser deliberada em Assembleia Geral, especialmente convocada para esse fim, carecendo, pelo menos, de ser aprovada por quatro quintos do total dos membros activos, na primeira convocação; por maioria dos membros, na segunda convocação, nos termos do artigo 24.º; e por maioria dos votos presentes, na terceira convocação, a realizar no prazo de oito dias após a segunda.

Art. 43.º No caso de ser aprovada a dissolução a que se refere o artigo anterior, a Assembleia Geral pronunciar-se-á, logo após a votação, quanto ao destino a dar aos bens e valores que constituem o património da Associação.

§ único. Na hipótese da Assembleia Geral se não pronunciar quanto ao destino a dar aos bens e valores da Associação, o Conselho Provincial de Educação Física tomará conta do caso.

X - Disposições gerais

Art. 44.º Cada centro filial a que se refere o artigo 2.º, alínea b), terá a sua própria comissão directora, composta por um presidente, que será o instrutor do centro, e um secretário e um tesoureiro, ambos eleitos pelos membros instruendos do mesmo centro.

§ único. O resultado da eleição para os cargos de secretário e tesoureiro referidos no corpo deste artigo terá de ser homologado pela Direcção da Associação.

Art. 45.º A comissão directora de cada um dos centros auxiliará a Direcção da Associação em todas as suas actividades e funções, sobretudo no tocante aos serviços da secretaria e tesouraria, relativamente aos membros instruendos do respectivo centro.

Art. 46.º Sem prévia autorização da Direcção, é expressamente proibido a qualquer membro da Associação proceder à angariação de donativos de qualquer natureza para a colectividade ou seus centros filiais.

Art. 47.º Tratando-se de uma Associação de arte marcial de carácter puramente amador, o seu instrutor-chefe e demais instrutores não receberão qualquer remuneração pelo exercício das suas funções. Entretanto, poderão receber, querendo, o abono a fixar pela Direcção para despesas de deslocação e estadia fora de Macau, quando em serviço da Associação.

Art. 48.º Os indivíduos que pertençam aos corpos gerentes da AKSM não podem, sob pena de expulsão, negociar, directamente ou por interposta pessoa, com a Associação ou qualquer dos clubes filiais.

Art. 49.º O ano social da AKSM vai de 1 de Janeiro a 31 de Dezembro.

Art. 50.º A Associação terá como distintivos os que constam do desenho em anexo.

XI - Transitório

Art. 51.º Os trabalhos da primeira Assembleia Geral ordinária da Associação, para a eleição dos corpos gerentes, serão organizados pelo Conselho Provincial de Educação Física, e a reunião realizar-se-á sob a direcção do presidente do mesmo Conselho.

Art. 52.º Para efeitos de constituição da primeira Assembleia Geral e eleição dos corpos gerentes será considerada a relação dos indivíduos que, desde a data da aprovação destes Estatutos até à data da realização da primeira reunião ordinária, tendo sido membros da Associação em formação, tenham declarado desejar continuar como membros activos da AKSM.

Art. 53.º Eleitos os corpos gerentes, compete ao presidente do Conselho Provincial de Educação Física conferir-lhes posse dos respectivos cargos.

— — —

Conselho Provincial de Educação Física, em Macau, aos 6 de Março de 1976. - O Presidente, José dos Santos Ferreira.

Distintivos a que se refere o artigo 50.º dos presentes estatutos

Associação de Karate-Do Seigokan de Macau (AKSM)
澳門空手道正剛會

Macao Seigokan Karate-Do Association
澳門正剛館/澳門正剛館（葡文縮寫為AKSM）

Alteração dos Estatutos
B.O. n.º: 46, II Série, 2012/11/14

2.º CARTÓRIO NOTARIAL DE MACAU

CERTIFICADO

Associação de Karate-Do Seigokan de Macau (AKSM)
為公佈之目的　茲證明上述社團的章程之修改文本已於二零一二年十一月一日，存
檔於本署之2012/ASS/M5檔案組內，編號為305號。有關條文內容如下：

Artigo primeiro
Denominação e sede

A Associação tem a denominação «Associação de Karate-Do Seigokan de Macau», em chinês "澳門空手道正剛會", e em inglês «Macao Seigokan Karate-Do Association», abreviadamente designada com as iniciais em chinês "澳門正剛館", e em português «AKSM», com sede na Avenida de Sidónio Pais, n.º 43-B, Edf. Kong Cheong, Bloco 2, 5.º andar H, Macau, a qual poderá ser alterada por deliberação da Direcção.

Artigo segundo
Natureza e fins

A «AKSM» é uma entidade sem fins lucrativos, sendo os fins da Associação: promoção e desenvolvimento de actividades de karate-do, organização e participação de torneios e outras actividades regionais ou internacionais organizados por entidades oficiais ou civis.

Artigo terceiro
Regulamento interno

Além dos Estatutos, a Associação consiste também de regulamento interno, que regula a sua organização interna e funcionamento. Os «estatutos da Associação» incluem o regulamento interno.

Artigo quarto
Membros

Os membros da Associação classificam--se em associados honorários e associados ordinários.

Um. São associados honorários os que tenham feito contribuições relevantes à Associação ou ao desenvolvimento do karate-do de Macau e se tornaram credores dessa distinção que lhes será conferida sob proposta da Direcção e aprovada pela Assembleia Geral.

Dois. Os interessados com mais de 5 anos de idade, que concordam com os objectivos desta Associação podem ser associados ordinários, e a sua admissão far-se-á mediante o preenchimento do respectivo boletim de inscrição, assinado pelo pretendente, dependendo essa admissão de aprovação da Direcção.

Artigo quinto
Direitos e deveres

Um. São direitos dos associados ordinários:
a) Participar em todas as actividades organizadas pela Associação e gozar dos benefícios concedidos aos associados;
b) Os associados que tenham mais de 18 anos podem eleger e ser eleito para qualquer cargo da Associação, e participar na Assembleia Geral, nas discussões e votação da mesma.
Dois. São deveres dos associados ordinários:
a) Cumprir os estatutos e as deliberações da Associação;

b) Defender a reputação e promover o desenvolvimento da Associação;

c) Apoiar e assistir as actividades organizadas pela Associação;

d) Pagar regulamente quota e outras despesas estipuladas pela Associação.

Artigo sexto
Organização e estrutura

A Associação realiza os seus fins por intermédio da Assembleia Geral, Direcção e Conselho Fiscal, cujos membros destes últimos dois órgãos são eleitos em Assembleia Geral ordinária, e cujo mandato é de dois anos, sendo permitida a reeleição.

Artigo sétimo
Assembleia Geral

Um. A Assembleia Geral é constituída por todos os associados ordinários. As reuniões serão presididas por uma Mesa de Assembleia constituída por um presidente, qualquer número de vice-presidentes e um secretário, cujo mandato é de dois anos sendo permitida a reeleição.

Dois. A Assembleia Geral reúne-se ordinariamente uma vez por ano, convocada pelo presidente; as reuniões extraordinárias, quando consideradas necessárias, efectuar-se-ão por solicitação da Direcção com a concordaria da maioria dos seus membros. A convocação da reunião é feita por meio de carta registada, com uma antecedência mínima de oito dias em relação à data da reunião, ou mediante protocolo efectuado com a mesma antecedência. A convocatória deve indicar a data, hora, local e ordem do dia da reunião.

Três. Os associados honorários podem presenciar as reuniões, sem direito de voto.

Quatro. A Assembleia Geral só poderá deliberar em reunião com a presença da maioria dos associados com direito de voto. As deliberações são tomadas por maioria absoluta dos associados presentes.

Cinco. São competências da Assembleia Geral:

a) Elaborar e alterar os estatutos da Associação, por três quartos ou mais dos votos favoráveis dos associados presentes;

b) Dissolução desta Associação, com o voto favorável de três quartos do número total de todos os associados;

c) Esclarecer os estatutos da Associação;

d) Eleger e exonerar o presidente, vice--presidente e secretário da Assembleia Geral, e os membros da Direcção e do Conselho Fiscal;

e) Admitir e proclamar membros honorários, mediante proposta fundamentada da Direcção;

f) Apreciar o relatório anual e as contas referentes ao mesmo ano.

Artigo oitavo
Direcção

Um. A Direcção é constituída por um presidente, um vice-presidente, um secretário, um tesoureiro e qualquer número de vogais, o número total dos seus membros deve ser ímpar.

Dois. As reuniões da Direcção são convocadas pelo presidente da Direcção, em que os membros do Conselho Fiscal podem presenciar, sem direito de voto.

Três. A Direcção só poderá deliberar em reunião com a presença da maioria dos membros. As suas deliberações serão tomadas por maioria de votos favoráveis dos membros presentes.

Quatro. Os membros da Direcção presentes na reunião não podem renunciar o seu direito de voto durante a votação.

Cinco. São competências da Direcção:

a) Representar a Associação em juízo e fora dele;

b) Nomear associados honorários;
c) Aprovar os pedidos para ser associados ordinários;
d) Aprovar os pedidos de isenção de jóia e custos de exames;
e) Revisar os montantes das várias despesas da Associação;
f) Determinar a punição de associados.

Artigo nono
Conselho Fiscal

Um. O Conselho Fiscal é formado por um presidente, um vice-presidente e um secretário.
Dois. As reuniões do Conselho Fiscal são convocadas pelo presidente.
Três. Os números 3 e 4 do artigo 8.º, depois de adaptados, são aplicáveis às reuniões do Conselho Fiscal;
Quatro. São competências do Conselho Fiscal:
a) Fiscalizar todas as actividades da Direcção;
b) Presenciar as reuniões da Direcção, sem prejuízo ao determinado pelo número 2 do artigo 8.º;
c) Examinar as contas e prestar opiniões relevantes.

Artigo décimo
Substituição

Um. No caso de impedimento do presidente da Assembleia Geral, o cargo será substituído pelo vice-presidente da Assembleia Geral mais antigo.
Dois. No caso de impedimento do presidente da Direcção ou do Conselho Fiscal, o cargo será substituído pelo vice-presidente da Direcção ou do Conselho Fiscal, respectivamente.

Artigo décimo primeiro
Proveniência das receitas

As receitas da Associação provêm de despesas pagas por associados, subsídios, donativos e outras receitas, permitidos por lei.

Artigo décimo segundo

Os casos omissos nos presentes Estatutos serão resolvidos em conformidade com as leis vigentes na RAEM.

Artigo décimo terceiro

A Associação tem como distintivos os desenhos seguintes:

Está conforme.

Segundo Cartório Notarial de Macau, um de Novembro de dois mil e doze. — O Ajudante, Leong Kam Chio.

2.º CARTÓRIO NOTARIAL DE MACAU

CERTIFICADO

**Associação de Karatedo dos Veteranos de Seigo Tada de Macau
em chinês "澳門空手道多田正剛阮老會"
e em inglês «Macau Seigo Tada Seniors Karatedo Association»**

Certifico, para efeitos de publicação, que se encontra arquivado, neste Cartório, desde vinte e dois de Janeiro de dois mil e oito, no Maço número dois mil e oito barra ASS barra M um, sob o número dezasseis, um exemplar dos estatutos da associação em epígrafe, do teor seguinte:

ESTATUTOS

B.O. n.º: 6, II Série,   2008/02/06
«Associação de Karatedo dos Veteranos de Seigo Tada de Macau»

Artigo Primeiro
(Denominação, sede e fins)

Um. A associação adopta a denominação de «Associação de Karatedo dos Veteranos de Seigo Tada de Macau», em chinês «澳門空手道多田正剛阮老會» e em inglês «Macau Seigo Tada Seniors Karatedo Association».

Dois. A associação tem a sua sede na Avenida do Almirante Lacerda, n.º 168, edifício Venceslau de Morais, 20-H, Macau.

Três. A associação tem como fins:

a) Promover, regulamentar, difundir e dirigir juntos dos seus sócios a prática na área de karate e outras actividades desportivas ou recreativas;

b) Filiar-se na Associação de Karatedo de Macau;

c) Manter relações com a Associação de Karatedo de Macau, nos assuntos relacionados com as regras de competição do WKF;

d) Organizar periodicamente cursos de formação e seminários para o desenvolvimento do karate-do; e

e) Participar nos cursos de formação e seminários organizados pela Associação de Karatedo de Macau.

Artigo segundo
(Membros, seus direitos e deveres)

Um. Os sócios da associação classificam-se em:

a) Sócios efectivos — os que praticam o Seigokan Karate-do;

b) Sócios honorários — os que tenham prestado relevantes serviços à associação e serão proclamados em Assembleia Geral; e

c) São membros efectivos da associação, os seus fundadores.

Dois. São direitos dos sócios:

a) Participar e votar nas reuniões da Assembleia Geral;

b) Eleger e ser eleito para os cargos dos corpos gerentes; e

c) Representar a associação nos torneios e campeonatos locais organizados pela Associação de Karatedo de Macau ou por entidades oficiais da modalidade em Japão.

Três. São deveres dos sócios:

a) Efectuar nos prazos fixados pela associação, o pagamento de quotas de filiação, quotas mensais e as taxas de inscrição nos cursos de formação e similares;

b) Cumprir os estatutos da associação;

c) Participar e votar nas reuniões da Assembleia Geral, e bem assim cooperar em todas as deliberações e resoluções dos corpos gerentes da associação; e

d) Ter, no mínimo, 38 anos de idade.

Artigo terceiro
(Assembleia Geral)

Um. A Assembleia Geral é constituída por todos os sócios efectivos em pleno uso dos seus direitos e reúne-se ordinariamente uma vez em cada ano, para aprovação do balanço e contas, mediante parecer do Conselho Fiscal e, extraordinariamente, quando convocada pela Direcção.

Dois. A Mesa da Assembleia Geral é constituído por três sócios, um presidente, um secretário e um vogal.

Três. Compete à Assembleia Geral:

a) Alterar e aprovar os estatutos;

b) Eleger e exonerar os corpos gerentes;

c) Apreciar e aprovar o relatório e as contas da Direcção;

d) Proclamar sócios honorários;

e) Apreciar e deliberar sobre todos os assuntos respeitantes às actividades da associação, que sejam submetidos à sua apreciação;

f) Mediante proposta da Direcção, fixar quotas mensais e as taxas de inscrição nos cursos de formação e seminários; e

g) Só podem tomar parte nas reuniões ordinárias e extraordinárias, os sócios efectivos os que tenham as suas quotas mensais regularizadas.

Artigo quarto
(Direcção)

Um. A Direcção é constituída por cinco sócios, um presidente (com graduação mínima de Shodan ou Shodan Honorário), um vice-presidente, um secretário, um tesoureiro e um vogal, e reúne-se, ordinariamente, de seis em seis meses, por mandatos de dois anos, sendo permitida a reeleição por uma ou mais vezes.

Dois. As deliberações serão tomadas por maioria de votos.

Três. Compete à Direcção:

a) Cumprir os estatutos da Associação e filiar-se na AKM;

b) Propor a convocação da Assembleia Geral;

c) Executar todas as deliberações tomadas pela Assembleia Geral;

d) Propor à Assembleia Geral a proclamação de sócios honorários;

e) Assegurar a gestão dos assuntos da associação e apresentar pareceres e relatórios;

f) Promover e divulgar os princípios que venham beneficiar o aperfeiçoamento da prática de karate-do;

g) Admitir e excluir sócios;

h) Organizar ficheiros e registos dos sócios e emitir os respectivos cartões de identidade dos sócios efectivos e ordinários;

i) Propôr sócios para participar cursos e seminários organizadas pela Associação de Karatedo de Macau; e

j) Nomear sócios da associação como fiscais para colaboração e controle nos campeonatos e torneios organizados pela Associação de Karatedo de Macau, quando for solicitado.

Artigo quinto
(Conselho Fiscal)

Um. O Conselho Fiscal é constituído por três sócios, um presidente e dois vogais.

Dois. O Conselho Fiscal reúne-se, ordinariamente de seis em seis meses, por mandatos de dois anos, sendo permitida a reeleição por uma ou mais vezes.

Três. Ao Conselho Fiscal compete:

a) Examinar semestralmente os actos administrativos e as contas da associação e velar pelo cumprimento do orçamento; e

b) Dar parecer sobre o relatório e contas anuais da Associação.

Artigo sexto

Um. Os sócios que infringirem os estatutos e regulamentos da associação, ficam sujeitos às seguintes penalidades:

a) Advertência verbal; e

b) Expulsão.

Dois. A aplicação das penalidades, previstas nas alíneas a) e b) do número um) deste artigo, é da competência da Direcção.

Três. São motivos suficientes para a eliminação de qualquer sócio efectivo:

a) O não pagamento de quotas mensais e taxas de inscrição de cursos de formação e seminários;

b) Acção que prejudique o bom-nome e interesse da associação;

c) Ser agressivo ou conflituoso, provocando discórdia entre os associados da associação com fim tendencioso; e

d) O não cumprimento dos regulamentos da associação.

Artigo sétimo

As receitas da associação provêm de jóia, quotas mensais dos sócios, seminários, subsídios e donativos dos sócios ou de qualquer outra entidade.

Artigo oitavo

A associação tem como distintivo o desenho em anexo.

Está conforme.

Segundo Cartório Notarial de Macau, aos vinte e três de Janeiro de dois mil e oito.
— O Ajudante, Filipe Maria Rodrigues Mendes.

Veteranos da Seigokan de Macau

Em cima, da esq.: Fernando Basto, Jacinto Novo, Arnaldo Gomes de Sousa,
Em baixo, da esq.: Alberto Francisco, Miguel Sequeira e Daniel Ferreira

AGRADECIMENTOS

Para a concretização do projecto desta nova edição da História da Seigokan de Macau, não queríamos deixar de agradecer, antes de mais ao Sensei Silvio Felippe, que nos proporcionou o texto original online, ao Shihan João Che, actual dirigente da Seigokan de Macau, que escreveu o prefácio, aos Senseis Manuel Silvério e César Pereira, antigos membros que contribuíram com os seus respectivos artigos, ao colega da CML Arq. José Marcelino por nos ter transmitido a sua experiência no território macaense, ao Shihan José Santana pelo relato dos seus estágios e estadias em Macau e ainda a Paula Carion, sem dúvida a mais destacada atleta macaense da Seigokan da actualidade, pelo seu importante contributo com a tradução do chinês para o inglês do artigo do Shihan Bill Mok.

A todos o nosso bem hajam!

Eduardo Lopes (editor)

Lisboa, 30 de Junho de 2017

Made in the USA
Middletown, DE
05 February 2018